Vollständiger Reprint der Erstausgabe von 1913,
erschienen im Jos. C. Huber Verlag, Diessen vor München

Weitere Informationen über den Verlag und sein Programm unter
www.allitera.de

November 2011
Allitera Verlag
Ein Verlag der Buch&media GmbH, München
© 2011 Buch&media GmbH, München
Umschlaggestaltung: Alexander Strathern, München
Printed in Germany · ISBN 978-3-86906-238-9

Marie Gabrielle
Prinzessin von Bayern.

Marie Gabrielle, Prinzessin von Bayern.

Marie Gabrielle
Prinzessin von Bayern

Von
Dr. P. Engelbert Huber, O. F. M.

---
3. Auflage.

Mit 130 Bildern und 2 Faksimilen.

Diessen vor München 1914
Verlagsanstalt Jos. C. Huber.

Vorwort.

Das Erinnerungsbuch an die verstorbene Prinzessin Marie Gabrielle hat in weiten Kreisen des Volkes so gute Aufnahme gefunden, daß schon wenige Tage nach seinem Erscheinen die Vorbereitung einer zweiten Auflage nötig wurde.

Was Text und Bildermaterial anlangt, ist diese zweite eine verbesserte und vermehrte Auflage.

Es sind mir inzwischen von verschiedenen Seiten Briefe und Bilder der hohen Verstorbenen zugänglich geworden, die das tiefempfindende, edle Wesen der verstorbenen Prinzessin so sprechend charakterisieren, daß ich sie der Öffentlichkeit nicht vorenthalten zu dürfen glaube; außerdem wurden im Texte manche Unebenheiten geglättet und manche Flüchtigkeiten und Inkorrektheiten ausgebessert.

Allen, die mir bei Abfassung dieses Buches bereitwilligst ihre Unterstützung liehen, sei auch an dieser Stelle herzlichst gedankt; ebenso auch der Verlagsanstalt, die in hochherziger Weise, ohne Rücksicht auf den Kostenpunkt, alles aufgeboten hat, um dem Erinnerungsbuche an die liebenswürdige Fürstin die glänzendste Ausstattung zu geben.

Dem Büchlein selbst wünsche ich einen glücklichen Weg. Möge es in die weitesten Kreise des Volkes bringen und das Andenken an die hohe, edle Frau, deren Leben, Glück und Leiden es schildert, immer heilig halten; möge es auch überall, wohin es kommt, im Andenken an die hohe Verstorbene, die Liebe und die Anhänglichkeit an das geliebte Königshaus erhalten und kräftigen, das durch den allzu frühen Tod dieses Königskindes so schwer getroffen worden ist.

München, Januar 1913.

Der Verfasser.

Vorwort zur 3. Auflage.

Kaum ist ein Jahr verflossen, daß sich die Königsgruft in St. Kajetan über dem Sarkophage der Prinzessin Marie Gabrielle geschlossen hat und das bescheidene Erinnerungsbuch an das allverehrte schöne Königskind in 3. Auflage erscheint.

Einige kleine Mängel, auf die ich von befreundeter Seite aufmerksam gemacht wurde, sind noch verbessert worden; sonst zeigt das Buch das Gewand der 2. Auflage.

Möge sein Weg auch für die 3. Auflage ein glücklicher sein!

Allen, die mir ihr freundschaftliches Interesse an dem Büchlein in der einen oder anderen Form zu erkennen gegeben haben, sei an dieser Stelle herzlichst gedankt.

München, September 1913.

Der Verfasser.

Herzog und Herzogin Karl Theodor.

Schloß Tegernsee.

Als am 9. Oktober 1878 Marie Gabrielle in Tegernsee als Tochter des Herzogs Karl Theodor und seiner Gemahlin Marie José, geborene Infantin von Portugal, zur Welt kam, mochte wohl niemand ahnen, daß diese Prinzessin einst Bayerns Liebling und Stolz werden sollte, der Gegenstand einer schwärmerischen Verehrung, wie sie selten einer Frau auch auf des Lebens Höhen zu Teil wird.

Sie war die vierte Tochter, die dem Herzog geboren ward, die dritte aus seiner zweiten Ehe. Wir können es verstehen, wie sehnsüchtig ein Prinz, ein Stammhalter erwartet wurde. Der Monumentalbrunnen, der nach der später erfolgten Geburt des ältesten Prinzen Ludwig Wilhelm in Tegernsee von der Gemeinde errichtet wurde, ist für uns ein so lautes Echo der Freude des herzoglichen Hauses über das Erscheinen eines Stammhalters, daß wir uns denken können, daß Marie Gabrielle als „vierte Tochter" eine gewisse Enttäuschung bereitete und, abgesehen von der Mutter, mit gemischten Gefühlen begrüßt wurde.

Geburt

Jugend

Prinzessin Marie Gabrielle.

Als kleines Mädchen schon mußte man sie zu den Veilchen rechnen, die im Verborgenen blühen. Sie gehörte nicht zu jenen glücklichen Menschenwesen, die sich „durchzusetzen" wissen, die als Kinder in der Familie schon eine gewisse Rolle spielen. Ganz und gar nicht. Sie war und blieb ja auch im ganzen Leben bescheiden, insichgekehrt, versuchte niemals sich Geltung zu verschaffen. Vielleicht beeinträchtigte auch das instinktive Gefühl, das jüngste Mädchen zu sein, in etwa ihr Selbstbewußtsein; jedenfalls kam sie in ihrer träumerischen und sanften Veranlagung, die sie von der Mutter Art abbekommen hat, gegen ihre lebhafteren Schwestern, die mehr die Herzogsart zeigten, nicht recht auf.

„Im kindlichen Spiel zeigt sich des Lebens Beruf." Die beiden älteren Schwestern wollten nach des Vaters Beispiel mal Ärzte werden; sie wollten echte Jungen sein und „haßten" alles, was ihnen mädchenhaft erschien in Kleidung und Spiel. Das gegebene Ziel ihrer „gerechten Entrüstung" war natürlich ihre jüngere Schwester, die, ihnen schien es „schrecklich", als echtes Mädchen mit Puppen spielte, gerne eine „Mama" werden wollte, in Wäsche

Prinzessin Marie Gabrielle.

Die Herzogliche Familie in Tegernsee.

und Kleidung nach Mädchenart auf Spitzen Wert legte und die, sie fanden es einfach unerhört, „einen Sonnenschirm besaß". Ja Marie Gabrielle, so fanden sie, ist „geradezu affektiert", weil sie sich unbegreiflicherweise ekelte, Kröteneier in ihrer Manteltasche vom Spaziergang mit nachhause zu tragen.

Ruhig und heiter nahm sie all diese kindlichen Neckereien ihrer älteren Schwestern hin, wie sie auch ihr ganzes Leben über, selbst in den trübsten Tagen schweren Leidens, alles in sich verschlossen und niedergekämpft hat, immer dasselbe, gleichmäßig heitere Gemüt zeigte und niemals eine Klage über ihre Lippen brachte.

Selbstlos und rücksichtsvoll gegen jedermann, hatte sie immer Angst, jemand um sich bemühen zu müssen. Selbst dem Arzte glaubte sie nicht lästig fallen zu dürfen und verbarg lieber eine Unpäßlichkeit, als daß sie als Patientin die Behandlung des Arztes in Anspruch nahm. Sie fühlte sich nie wichtig genug, um der Gegenstand besonderer Aufmerksamkeit zu sein. So setzte eines Tages eine der Kinderkrankheiten mit starkem Fieber bei ihr ein, und die besorgte Mutter kam mit dem Hausarzt zu ihr, fand aber die kleine Prinzessin lustig auf einer Kindertrompete spielen, ohne den leisesten Schein eines fieberbefallenen Kindes.

Schon als kleines Mädchen versprach Marie Gabrielle eine Schönheit zu werden. Die großen braunen Augen mit dem goldigen Schimmer blickten verträumt und schwärmerisch, konnten aber allsobald in schelmischem Lachen aufblitzen. Das zartgefärbte rundliche Oval ihres anmutigen Gesichtes war von dichten, goldblonden Haaren umrahmt, ein Diadem, gleichwertig einer Königskrone; diese ganze Schönheit blieb ihr bis auf das Totenbett charakteristisch.

Verträumt und schwärmerisch veranlagt, war sie leicht zerstreut und hatte keine allzugroße Freude an dem mechanischen Lernen, dagegen las sie gerne „hübsche Geschichten" und namentlich Gedichte, sah sinnend in die Weite oder beschäftigte sich mit hübschen Handarbeiten.

Trockene Unterrichtsfächer konnten ihr kein Interesse abgewinnen; aber gerne lernte sie aus dem Leben. Was sie gesprächsweise erlernte, saß tiefer als eigentlicher Schulunterricht.

Die Herzogliche Familie in Tegernsee.

Die 3 Prinzessinnen des Herzogshauses: Marie Gabrielle, Sophie und Elisabeth.

An fremden Sprachen, namentlich am Englischen, hatte sie Freude; sie lernte aber lieber aus der fremdsprachlichen Literatur als aus der trockenen Grammatik.

Von klein auf zeigte sie einen ausgeprägten Sinn für das Schöne, einen bestimmten persönlichen Geschmack. Der war ja noch nicht gebildet, noch nicht verfeinert, war zunächst nur die echte Herzensfreude an der Farbe; aber diese Freude war bei ihr keine Spielerei, auch nicht vom Nachahmungstrieb diktiert, sondern entsprang einem angeborenen Bedürfnis nach Schönheit.

Die 3 Prinzessinnen Sophie, Elisabeth und Marie Gabrielle und die Herzöge Siegfried und Christoph.

Prinzessin Marie Gabrielle.

Das war eine der großen Lichtseiten ihrer glücklichen Natur. Ein echtes Sonnenkind, verlangte sie, wie ihr Bruder, der noch vor ihr verstorbene Herzog Franz Joseph, nach Licht und Sonne und nach etwas Schönheit im Leben.

Die fand sie in den Blumen. Die Blumen liebte sie als Kind schon leidenschaftlich und die erhellten ihr im späteren Leben auch oft genug die düstersten Stunden. Blumen pflücken war ihre liebste Beschäftigung. Vom Frühjahr bis zum Spätherbst kam sie nie ohne Blumen vom Spaziergange zurück und zu jeder Zeit war in ihrem peinlich geordneten Zimmer da und dort eine Vase oder ein Glas mit Feldblumen aufgestellt.

Weit zurückgeschobene Vorhänge, die das volle Tageslicht hereinfluten ließen, da und dort ein Blumenstrauß, eine nach ihrem Geschmacke erfolgte Aufstellung der einfachen Zimmereinrichtung, das war es im Großen und Ganzen, was ihrer Umgebung eine persönliche Note gab und die Atmosphäre verriet, in der sie leben wollte und die sie, wenn das Glück ihr hold war, sich auch schaffen würde: Licht und Schönheit.

Alles, womit sie sich umgab, sollte echt, solid sein. Alles Gekünstelte, Gemachte und wenn es auch durch seine glänzende Außenseite die Augen bestach, hielt sie von sich ferne. So sehr sie sich später an den Originalen der alten Meister entzückte, so wenig konnte sie sich entschließen, Kopien anzukaufen. Der Anblick

Prinzessin Marie Gabrielle.

auch der besten Kopie ließ in ihr immer ein gewisses Unbefriedigtsein zurück.

Den ersten Unterricht genossen die drei Schwestern im Elternhause; hier wurde der Grund gelegt zu der späteren umfassenden und allseitigen Bildung der Prinzessin.

Im Herzogshause herrschte die ernste, der Wissenschaft und ihrer praktischen Betätigung zugewandte Lebensauffassung des Vaters, des Herzogs Karl Theodor, und die verlangte auch für die Kinder eine ernste Beschäftigung; wie die Brüder hatten auch die Schwestern ihren geregelten und festeingehaltenen Stundenplan.

Der Stundenplan sollte so peinlich eingehalten werden, daß sogar an Reisetagen, die Stunden in der Bahn abgerechnet, Unterricht und Spaziergänge vorschriftsmäßig stattfinden sollten. Ein- und Auspacken durfte ebenfalls nie störend auf den Stundenplan einwirken.

Später, im Herbst 1890 — Marie Gabrielle war also 12 Jahre alt — entschlossen sich die Eltern, die beiden jüngsten Schwestern, Elisabeth, die jetzige Königin der Belgier, und unsere

Zangberg

Institut der Salesianerinnen in Zangberg.

Prinzessin zur weiteren Ausbildung und Erziehung nach Kloster Zangberg zu geben. Die Vorteile des gemeinsamen Schulunterrichtes wollte man ihnen nicht vorenthalten: sich gewöhnen an eine gewisse Selbständigkeit, sich einfügen in eine eiserne Ordnung und Regelmäßigkeit, sich selbst beschränken im Zusammenleben mit anderen, das gegenseitige Sichselbsterziehen im edelsten Wetteifer: all diese Vorzüge des gemeinsamen Unterrichts und der gemeinsamen Erziehung haben das Herzogspaar wohl bestimmt, ihren zwei jüngsten Töchtern Institutserziehung und -Bildung geben zu lassen.

Und gerade Kloster Zangberg, das Erziehungsinstitut der Salesianerinnen hatte als Erziehungsstätte den besten Ruf und genoß seit langem schon das Vertrauen der ersten Familien des In- und Auslandes. Gar manche Fürstentochter hat sich ihre Lebensbildung dort bei den Schwestern geholt und hat dem Institute und seinen Leiterinnen zeitlebens ein dankbares Andenken bewahrt. Sicher sind auch die guten Erfahrungen, die die Schwester der Herzogin Karl Theodor, die Herzogin von Parma, in ihrer Familie mit der Erziehung und Ausbildung

Die Prinzessinnen Elisabeth und Marie Gabrielle bei der ersten hl. Kommunion.

im Kloster Zangberg gemacht hatte, mitbestimmend gewesen, daß die Wahl des Herzogspaares auf Zangberg fiel.

Anfangs gab es bei den beiden Prinzessinnen wohl etwas Heimweh, aber es dauerte nicht lange und sie fanden sich hinter

Die zwei Schwestern in Zangberg.

den Klostermauern ganz gut zurecht, fügten sich in das große Getriebe ein wie alle anderen Zöglinge auch, schlossen Schulfreundschaften, schmiedeten Komplotte zu witzigen Institutsstreichen, lernten ihre Lehrerinnen lieben und schätzen — sie wurden eben ganz Institutszöglinge.

Manche der hier geschlossenen Institutsfreundschaften wurden zur festen Lebensfreundschaft, andere wurden ebenso rasch vergessen, wie sie im Feuer jugendlicher Hingebung abgeschlossen wurden; aber keine ging zu Bruche an dem etwa später erwachten Selbstbewußtsein der Prinzessin Marie Gabrielle — auch nur der leise Schatten eines solchen Gedankens war ihr durchaus fremd.

Besonderes Vertrauen setzten beide Prinzessinnen in die geistig hochstehende Bonne Mère (Hamel), und Prinzessin Marie Gabrielle hegte noch eine besonders tiefe Zuneigung zu einer ihrer Lehrerinnen.

Die Bonne Mère muß eine Frau von sehr viel Weltkenntnis und Weltklugheit gewesen sein, denn sie blieb die mütterliche Freundin der Prinzessin Marie Gabrielle bis zu ihrem Tode. Ein Verhältnis wirklich zwischen Zöglingen und Schwestern, das für beide Teile spricht.

Prinzessin Marie Gabrielle.

Und dabei waren beide Prinzessinnen durchaus nicht gerade das, was man nach herkömmlichen Klosterfrauenbegriffen „Musterzöglinge" nennt. Offenen lebhaften Geistes waren sie immer zu witzigen, harmlosen Streichen aufgelegt, Kinderstreichen, so alt wie die Welt und doch immer neu, mit denen die Institutsleiter ihre liebe Not haben.

Bald saßen sie auf irgend einem der hohen Bäume, wenn man sie suchte, oder sie waren auf dem Speicher unter Kisten versteckt und freuten sich, wenn man an ihnen vorüberging, ohne sie zu finden; an allerhand Budenzauber, an Spuk- und Geistergeschichten waren sie beteiligt, wenn sie nicht selbst die Anregung dazu gegeben.

Was an all den zahlreichen Institutsgeschichten aus Zangberg Wahrheit und Dichtung ist, läßt sich nur schwer mehr auseinanderhalten. Etwas Schalkhaftes steckte das ganze Leben in unserer Prinzessin und in ihren späteren Jahren, da sie vom Institut längst ins Elternhaus zurückgekehrt war, setzte sie im Verein mit ihren Schwestern gar manchen „Frembling" im herzoglichen Hause in Staunen durch ihre Einfälle und humorvollen Streiche.

Vorbildlich geradezu war das feste Zusammenhalten der Schwestern untereinander. Da hatte keine eine Heimlichkeit vor der anderen; in jedes der kleinen Geheimnisse der einen wurden die anderen eingeweiht, und jede Angelegenheit der einen wurde von den anderen mit demselben Interesse verfolgt und unterstützt, als handle es sich um den eigenen heiligsten Wunsch.

Die beiden Prinzessinnen, namentlich die hübsche Marie Gabrielle, waren natürlich die Lieblinge in Zangberg bei Groß und Klein. Die Dienerschaft des ganzen Hauses war ihnen blindlings ergeben und leistete ihnen in all ihren Einfällen bereitwilligst Hilfe und Beistand. Und die Schwestern selbst, Erzieherinnen und Lehrerinnen, freuten sich im Innersten des Herzens über das Temperament ihrer Zöglinge, wenn sie ihnen auch der Form und der Ordnung wegen manches Harte nicht ersparen konnten. Sie wollten ja keine Maschinen aus ihren Zöglingen machen, sondern freie, selbständige Menschen, sie wollten das Temperament in ihnen nicht unterdrücken, sondern nur in die richtigen Bahnen lenken; die ihnen anvertrauten Kinder sollten zu freien, offenen Naturen, zu charakterfesten Menschen heranreifen.

Und auf diesem Wege folgten die Prinzessinnen willig. Was Aufrichtigkeit, Liebe und Anhänglichkeit und wahre Herzensgüte anlangt, waren sie Muster und Vorbild.

Große Herzensgüte war in den Institutsjahren in Zangberg schon ein hervorstechender Charakterzug der Prinzessin Marie Gabrielle. Andern zu helfen galt ihr damals schon als erste Pflicht. Gar manche ihrer Mitzöglinge in Zangberg wissen solche schönen Züge ihres bescheidenen, hilfsbereiten Charakters zu erzählen. So merkte sie einmal, daß eine Mitschülerin beim

Schuhwechseln nicht rechtzeitig zum Spaziergang fertig wurde und kniete kurz entschlossen vor sie hin und wollte ihr beim Schnüren helfen. Manchmal nahm sie auch die Schuld für einen lustigen Streich auf sich, obwohl sie ihn keineswegs inszeniert hatte, bloß weil die schuldige Mitschülerin zitterte, vor der Bonne Mère erscheinen zu müssen.

Als eine ihrer Institutsfreundinnen ihr einmal anvertraute, daß sie nach Java reisen müsse, und kleinmütige Bedenken äußerte ob der mangelnden Sprachkenntnisse, besorgte die Prinzessin allsogleich hilfsbereit von München eine Grammatik der malayischen Sprache und schenkte sie ihr. Und als sie später die Weltreise mit dem Prinzen Rupprecht machte, freute sie sich schon lange auf das Wiedersehen mit dieser inzwischen auf Java verheirateten Freundin.

Ihre Begabung für Handarbeiten stellte sie mit Eifer in den Dienst der Nächstenliebe und ihr schönes Maltalent war ihr nur ein Mittel, anderen liebe Ueberraschungen zu bereiten

In den Schulferien genossen die beiden Klosterzöglinge die Freiheit in vollen Zügen; die unter der Institutsordnung im Großen und Ganzen doch niedergehaltene Unabhängigkeit brach hier durch und gar manche Streiche wurden gespielt.

Der Herzogspark in München und der Schloßpark in Possen=

Ferien

Die 3 Schwestern im Herzogspark.

hofen waren der Schauplatz ihrer „wilden" Spiele. Da wurden Indianergeschichten dramatisiert und das Leben von „Wild-West" verwirklicht. Und was würden die altehrwürdigen Mauern des Tegernseer Schlosses alles an lustigen, geistreichen, herzerquickenden Einfällen der Prinzessinnen erzählen, wenn Steine reden könnten! Die Schloßgänge hallten wider von fröhlichem Lachen, wenn irgend ein neuer Streich geglückt war.

Ein „herrenloses" Schloßfuhrwerk bestieg die Prinzessin Marie Gabrielle und kutschierte damit an irgend eine andere Seite des Schloßkomplexes, indes die anderen Schwestern hinter Buschwerk versteckt das verdutzte Gesicht des Kutschers genossen, wenn er bei seiner Rückkehr weder Roß noch Wagen mehr vorfand.

Alle Räume des ausgedehnten Schlosses, Keller, Speicher, Stallungen, wurden von ihnen durchsegt und zum Ausgangsorte ihrer losen Streiche gewählt. Einmal kamen sie auch in das Wachlokal des Gendarmeriekommandos und fanden dort den Stationsstempel unverschlossen vor. Sofort wußten sie als Erinnerung an diese ihre Entdeckungsreise nichts Besseres zu tun, als sich Gesicht und Hals, Hände und Arme gegenseitig mit dem Stempelaufdruck zu versehen: Gendarmeriekommando Tegernsee.

Nachdem sie wieder einmal einen ihrer losen Streiche verübt hatten, schien es ihnen nicht geheuer, sich sofort wieder zu zeigen. Sie versteckten sich also. Stunden vergingen, die Prinzessinnen kamen nicht; sie wurden überall gesucht — umsonst. Man wurde ängstlich. Die Diener, ja die Gendarmen wurden aufgefordert, Umschau zu halten. Endlich kommt einer der Gendarmen freudestrahlend zurück: Melde gehorsamst, die Prinzessinnen sitzen auf dem Dach.

Von solchen witzigen Einfällen wußte man sich in Tegernsee in- und außerhalb des Schlosses viel zu erzählen; aber nie hatten diese losen Streiche etwas Verletzendes, sie waren immer witzig und harmlos, und es ist selbstverständlich, daß die Prinzessinnen dabei immer die Lacher auf ihrer Seite hatten.

Prinzessin Marie Gabrielle.

Körperlich und geistig frisch waren die Schwestern während ihrer Klosterzeit, in den Ferien und nach ihrem Austritte aus dem Klosterpensionat. An körperlichen Übungen zur Stählung der Körperkraft leisteten sie mehr als genug. Da war kein Weg zu weit, kein Aufstieg zu steil, kein Wetter zu schlecht. Große

Freude an der Natur.

Fußtouren wurden gemacht, und gerade Prinzessin Marie Gabrielle war eine besonders unternehmende Fußgängerin. Das Tegernseer Tal kennt wohl keine Ausflugstour, die sie nicht gemacht, und die herrliche Bergwelt ringsum keinen Gipfel, dem sie nicht Besuch abgestattet hätten. In kurzem Lodenkostüm, mit dem Bergstock und Rucksack, nägelbeschlagene Bergschuhe an den Füßen und das kleine grüne Jägerhütchen mit den langen Federn herausfordernd in die Locken gedrückt, zogen sie frisch und glückselig in die schöne Gotteswelt hinein. Wie waren die Wangen gerötet, wie strahlten die Augen vor Glück und Begeisterung, wenn sie nach anstrengendem Aufstieg von Bergeshöhe hineinschauten in die schöne Welt, die zu ihren Füßen lag, wo die Sonne lachte über Wiesen und Auen und ein hehrer Gottesfriede ausgebreitet lag über der ganzen schönen Natur.

Sogenannte zahme Spaziergänge liebten sie nicht, es mußte immer irgend eine Schwierigkeit damit verbunden sein: ein recht steiler Aufstieg oder ein Schnelligkeitsrekord oder ein Kampf mit Wind und Wetter. Wenn es recht goß, sodaß der Regen sich in den Krempen ihres Hütchens wie in einer Dachrinne sammelte und über das Gesicht hinunterströmte, dann war es „lustig". Sich eines Regenschirmes zu bedienen hätten sie als eine Erniedrigung betrachtet. Um Abwechslung in die Spaziergänge zu bringen, liebten es die Prinzessinnen auch, nicht über Brücken, Stege zu gehen, sondern sich darunter von einer Seite zur andern an den Balken hinüberzuhanteln. Wenn sie dann so mittendrin zwischen Himmel und Erde schwebten, war das für die Aufsichtsdame kein sehr beruhigender Anblick. Doch waren die Prinzessinnen außerordentlich geschickt und gewandt, vorzügliche Turnerinnen und die zarte Prinzessin Marie Gabrielle hatte Muskeln wie Eisen. Manchmal fragte sie schelmisch: Darf ich Ihnen einen kräftigen Händedruck geben? Natürlich war jedermann miteinverstanden, denn das Wort kräftig, von so einem zarten Persönchen kommend, schien nur eine Redensart. Aber der so

Prinzeſſin Marie Gabrielle.

Wildbad Kreuth.

dachte, hatte manchmal Mühe einen Schmerzenslaut zu unterdrücken.

Die höchste Freude an der Natur genoß sie allerdings erst nach ihrer Heimkehr aus dem Institute in dem herrlichen Kreuth, wenn das Herzogspaar von Tegernsee aus zum Jagdaufenthalt in dieses Bergidyll übergesiedelt war. Der Bergsport hatte damals noch nicht den Umfang angenommen wie heute, und wenn Ende September die Herden von den Almen getrieben waren, sahen die Berghalden bis zum nächsten Sommer nur höchstselten noch einen Gast. Und gerade diese Zeit ist es, wo die Natur in den Bergen am herrlichsten sich zeigt.

Da durchstreiften die Prinzessinnen die wunderbar gefärbten Wälder, bestiegen all die Berge rings im Umkreis und nahmen

Kreuth

den Gottesfrieden der schönen Bergwelt in Herz und Gemüt auf. Brach dann der Winter herein und warf die erste Schneedecke auf die Erde, dann begann der lustige Wintersport. Die Rodel wurden hervorgezogen und in frischem munteren Geplauder stampfte man im Schnee bergauf, um dann in sausender Fahrt bergab zu fliegen. Von fröhlichem Lachen widerhallten die Wälder, so oft ein heimtückisch unter der Schneedecke verborgener Stein einen Rodel aus der Bahn warf oder irgend eine Ungeschicklichkeit zur Entgleisung führte und den Lenker oder die Lenkerin auf den Schnee warf.

Sport Für ihr Sportsvergnügen suchten sich die Prinzessinnen nicht immer bequeme Plätze und gebahnte Wege aus. Angst und Furcht kannten sie nicht, sie achteten keiner Gefahr. Von den steilsten Hügeln über Mulden und Buckel sausten sie in halsbrecherischer Fahrt herab, daß einen schon allein beim Zuschauen das Gruseln beschlich. Oft überschlug sich auch der Schlitten mitsamt seinen Insassen und das eine oder das andere Opfer des wilden Sports mußte verwundet den Platz verlassen.

Ihre überschäumende Lebenslust und Lebenskraft kannte keine Müdigkeit und dankbar empfanden sie es, wenn die begleitenden Damen damit rechneten und auch sonst ihren lebenslustigen Streichen Verständnis entgegenbrachten.

Die Erinnerung an diese „wilden Jahre" frischt ein Brief auf, den sie später an eine ihrer Damen als Antwort auf einen Glückwunsch schrieb:

„Innigst danke Ich Ihnen für Ihre so lieben Wünsche, die mich wirklich sehr gefreut! Es ist so nett von Ihnen, sich immer unser zu erinnern — obwohl doch oft manches nicht immer vom Schönsten war, bei uns Brauseköpfen angefangen! Aber wir vergessen auch Sie nicht und denken mit Dank und Liebe an Sie und freuen uns herzlich, wenn Sie wieder zu uns gehören!"

Innigst danke ich Ihnen
für Ihre so lieben Wünsche,
die mich wirklich sehr
gefreut! Es ist so nett
von Ihnen sich immer
unser zu erinnern – obwohl
doch oft manches nicht

immer vom Schönsten war, bei uns Brauseköpfen angefangen! Aber wir vergessen auch Sie nicht — + denken mit Dank + Liebe an Sie + freuen uns herzlich wenn Sie wieder zu uns gehören! — Vorder Hand grüßen wir Sie alle, Eltern Schwestern, Brüder, Herren

Damen, (auch H. Geheimrath) buomini e donne kurz, alles was laufen kann!! Ich hoffe Sie werden nicht zu arg frieren – ich fange jetzt schon an & sehne mich destomehr nach dem sonnigen, schönen Süden! Wenn nur Ihre Wünsche diesbetreffend in Erfüllung gehen! Qui viva-vera!

Dienstag 18ten gehen wir mit den Geschwistern nach Seefeld & freuen uns sehr!
Nun nochmals 1000 Dank & alles Liebe von Ihrer Sie liebenden

Maria Gabrielle.

Kreuth 15. X. 1898.

Der Ausbildung des Körpers wurde also im Tagesprogramm der Prinzessin Marie Gabrielle in jenen Jahren ein weiter Raum gegeben. Was sie an sportlichen Uebungen leistete, war wahrlich mehr als genug. Sie war eine ausdauernde und kühne Schwimmerin und bereitete ihrer Aufsichtsdame, die ihr zum Schwimmen mitgegeben wurde, angstvolle Stunden. Sie wußte mit derselben Geschicklichkeit Ruder und Segel zu handhaben und das Boot auch bei schwerem Wetter zu steuern. Sie ritt — und an ihrem Vater hatte sie den besten Lehrer — und kutschierte und hatte als echte Herzogstochter Freude an Pferden. Fromme Pferde waren „langweilig", nur die temperamentvollen waren „lustig".

Dem Radsport stand sie anfangs skeptisch gegenüber, sie konnte sich nicht recht dafür begeistern; denn das „Radeln" schien ihr zu ungraziös. Nachdem sie aber einmal angefangen hatte zu fahren, trieb sie auch diesen Sport, wie alles, was sie anpackte, mit leidenschaftlicher Beharrlichkeit. Fast kein Tag verging mehr ohne eine Radtour, und auf der ideal schönen, gut gepflegten Straße von Kreuth nach Tegernsee konnte man fast täglich auf blitzenden Rädern die Prinzessinnen mit frischen, lachenden Gesichtern in sausender Fahrt begegnen.

Damals schon war es die Prinzessin Marie Gabrielle, die überall, wo sie sich in der Öffentlichkeit zeigte, allgemeine Aufmerksamkeit erregte. Noch bevor sie ganz erwachsen war, hatte ihre Erscheinung so anmutigen Reiz bekommen, daß aller Blicke mit Begeisterung auf ihr ruhten. Dunkeläugig, hatte sie von ihrer Mutter die Familienzüge der Braganza geerbt und dazu vereinte sie mit der Anmut der äußeren Erscheinung tiefe Herzensgüte und warmes Empfinden.

Anmut der Erscheinung

Denkwürdig ist der Zauber, den die junge Prinzessin auf ihren greisen Oheim, den Kaiser Franz Joseph von Österreich ausübte. Bei einem Besuch in München, während der Ferienzeit der Prinzessinnen, hatte er Marie Gabrielle gesehen und hatte sich

Prinzessin Marie Gabrielle mit den Prinzen von Braganza beim Tennisspiel.

so sehr an ihr entzückt, daß sie auf seinen persönlichen Wunsch an der großen Hoftafel erscheinen mußte, zu der sonst nur Volljährige beigezogen wurden.

Im Jahre 1895 verbrachte die Herzogliche Familie das Frühjahr an der Riviera. Die Prinzessin Marie Gabrielle war noch in Zangberg, da sie eine Krankheit durchgemacht hatte; sie durfte zur Erholung über Ostern nachkommen. Für die Familie, außer der Frau Herzogin, sollte es eine Ueberraschung sein. Und es war eine Ueberraschung! Die jetzt 16=jährige Prinzessin war zu ungeahnter Schönheit und Holdseligkeit erblüht, mit der sich ein bestrickender Liebreiz vereinigte. Wo sie erschien, erregte sie Aufsehen, überall folgten ihr

bewundernde Blicke und „ah, qu'elle est belle" entschlüpfte unwillkürlich den Lippen derer, die sie sahen.

Abschied von Zangberg

Im Juli 1896 schied sie aus dem Kloster Zangberg — sie war bald 18=jährig. Der Abschied aus den gewohnten Räumen, die ihr 6 Jahre hindurch eine zweite Heimat geworden waren, ward ihr nicht leicht; sie war verweint und reiste im Pensionskleid mit glattgescheitelten Haaren ins Elternhaus.

Der Name Zangberg weckte ihr ganzes Leben hindurch in ihr angenehme Jugenderinnerungen; und es ist ein Zeichen ihres guten Herzens, daß sie der Stätte, die ihr 6 Jahre hindurch wie die Heimat lieb geworden, an der sie geistig und körperlich herangereift, immer ein liebevolles, dankbares Andenken weihte.

„Ich denke immer an mein liebes altes Schlaf=saaleckerl am Ende der langen Reihe und denke, wie im Mai oft die Sterne hereinsahen und die warme Sommernacht hereinzog, und ich träumte, was die Welt da draußen sei und was das Leben alles bringen würde? Dann sagte ich es noch einmal leise in meinem Bette, das:

Jesus in deinem heiligen Namen
Leg' ich meinen Leib zur Ruh';

O Jesus, Jesus Amen,
Mein letztes Wort bist Du.

Jetzt weiß ich, was die Welt da draußen ist und bete das schöne Gebet noch viel inniger und tief im Geiste des Schutzsuchens. . .

Die 6 Jahre Zangberger Lebens sind eine immergrün=ende Insel in meinem Leben. Und je älter ich werde, desto inniger und öfter flüchte ich mich auf diese Insel aus dem Alltagsstaub und dem Getriebe „der Welt da draußen."

Zu wiederholtenmalen suchte sie — und ihre Schwester Elisabeth desgleichen — im Laufe der folgenden Jahre allein

Prinz Luitpold im Zangberger Klostergarten.

und später mit ihren Kindern das Kloster Zangberg auf und blieb auch manchmal zu längerem Besuche. Aus ihrem kostbaren Brautkleide ließ sie für die Zangberger Klosterkirche ein Meßgewand mit der unbefleckten Jungfrau umgeben von Lilien und Rosen anfertigen, ein Beweis dankbarer Gesinnung und liebevollen Gedenkens. Als im Jahre 1908 die Bonne Mère ihren 80. Geburtstag und ihr 60. Ordensjubiläum feierte, nahm die Prinzessin an dem Zangberger Familienfeste innigen Anteil. Als sinnige Jubiläumsgabe hatte sie dem Kloster große Sendungen Blumen zugedacht, Blumen, die sie liebte, und die in Zangberg für lange Jahre ihre Erinnerung wachhalten sollten.

„Von ganzem Herzen feiere ich morgen das schöne Fest mit Ihnen und bin in Gedanken im lieben Zangberg!

Alle Wünsche, die ich für Sie so herzlich hege, fasse ich zusammen und sende Sie Ihnen in dieser blühenden Form... Leider kann ich das kleine Andenken, das Zeichen meiner immer treu und „blühend" bleibenden Dankbarkeit, heute nicht übersenden — unser rauhes Klima und die vielen Fröste erlauben es nicht. Aber wenn der Frühling Ernst macht, will ich das Versäumte nachholen!

Ich möchte gerne in Ihrem stillen Garten dankbar weiter blühen dürfen — in Gedanken und in der idealsten Form: in sonniger, duftender Blütenpracht. —

Wenn die Natur so weit ist, darf ich vielleicht mal selbst

Die Prinzen Luitpold und Albrecht im Zangberger Klostergarten.

Prinz Albrecht im Zangberger Klostergarten.

mit meinen zwei „Frühlingsblüten" kommen und mit Ihnen die Lieblingsplätze im schönen Garten durchgehen, wo sich die für die liebe Bonne Mère ausgedachten Pflanzen am besten entfalten. Wenn dann die Blüten alle in Flor stehen, sollen sie blühen und welken vor dem trauten Maialtar und Herz-Jesu-Bild, bis im nächsten Jahre neue Blüten denselben schönen Weg gehen."

Den später eintreffenden Blumen gab sie das schöne Geleitwort mit:

„Dieser Tage kommt die erste Sendung Blumen. Es sind Rosen aller Sorten . . . . . . Es folgen bald Iris,

Lilien und Paegonien (alles japanische) nach, die, ich hoffe, auch recht schön werden. —

Und wenn sie alle blühen und Ihnen Freude machen, so denken Sie daran, daß Ihre unermüdlichen und treuen Bemühungen und Sorgen manchen Keim in mein Herz gelegt, der durch gewissenhaftes Arbeiten meinerseits doch auch einmal zur Blüte kommen wird. Daß es aber nicht mein Verdienst ist, sondern das derer, die den Grund in mein Herz gelegt, werde ich nie vergessen."

Wenige Wochen vor ihrem Tode, einige Tage ehe sie nach Italien abreiste, sandte sie dem Kloster die letzte Liebesgabe: aus dem blauen Kleidchen, in dem sie ihren Liebling Rudolf am liebsten gesehen, hatte sie ein mit Sternen und Lilien besätes Ziboriummäntelchen sticken lassen und aus dem Battisttüchlein, das dem Kleinen beim Sterben unter dem Köpfchen lag, ein Korporale — beides bestimmt für die Zangberger Klosterkirche.

„Der Kleine, Süße war noch ganz in weiß und blau gekleidet — wie alle meine Kinder der Mutter Gottes geweiht. Ein kleines, blaues Atlaskleidchen, in dem ich ihn besonders gerne sah — er war so recht das kleine, himmelblaue Maienengelchen darin — möchte ich so gerne dem Maialtar geweiht wissen und zwar dahin, wohin mich mein Herz immer wieder zieht — nach meinem lieben Zangberg . . . . . und so auch ein Leinentüchlein, das wir dem kleinen sterbenden Engel unter das Locken= köpfchen gelegt haben. . . Es ist mir ein sehr lieber Gedanke, zu meinem Brautkleide diese kleine irdische Lei= denshülle unseres Engels dem Zangberger Kloster weihen zu dürfen. Es ist, wie wenn der Kleine ein Stückchen „Himmelsblau" zum Andenken zurückgelassen hätte."

„Selbst kann ich jetzt nicht kommen und mein kleines Kleinod übergeben — so sende ich es Ihnen heute mit diesen Zeilen, das liebe blaue Mäntelchen und das letzte

Prinzeſſin Marie Gabrielle.

kleine Tuch von unserem herzigen Engerl. Er kann nun für uns alle beten, und wenn sein einstiges Kleidchen jetzt als Schmuck auf dem Altare dient, wird er gewiß uns eine Gnade erflehen, daß wir alle den Weg gut und sicher gehen können, den er voraus wohl geflogen ist. Schreiben Sie mir, wann das erstemal das Tüchlein und das Mäntelchen am Altare dienen durften. Ginge es wohl am 9. Oktober? Ich würde es als schönen Jahresanfang für mich ansehen. Und das liebe Kind muß mir soviel Gnade für das neue Jahr wieder erbitten!

Am 4. reise ich nach Neapel ab...... Beten Sie für mich, aber fest — bitte — ich weiß nicht warum, ich ahne, daß ich es immer notwendiger brauche!"

Bei den Kranken

Jetzt, da sie erwachsen, galt es für sie an der Hand der Eltern einzutreten in die große Welt; jetzt begann für sie eigentlich die Vorbereitung für den Ernst des Lebens.

Zunächst wurde sie mit des Lebens Schattenseiten bekannt, wenn sie ihren Vater auf seinen Berufsgängen in Tegernsee und Meran in das Krankenhaus begleitete. Immer glitt ein trauriger Zug über ihr liebliches Gesicht beim Anblicke menschlichen Elendes. Und doch erschien ihre lichte Gestalt den Kranken wie eine Erscheinung aus einer höheren Welt, wenn sie mit ihrer Mutter ans Krankenbett herantrat, um Wunden zu verbinden und mit einem lieben, teilnahmsvollen Wort Schmerzen zu lindern. Zu den Kranken, die der lichten Gestalt der holden Prinzessin ein begeistertes Andenken weihten, gehörte auch der Dichter Helle. Sie hatte ihn im Tegernseer Krankenhaus kennen gelernt, und ihre warme Teilnahme für ihn und sein poetisches Schaffen waren dem greisen Dichter ein Lichtstrahl in manchen trüben Augenblicken des Lebens.

Bei diesen Krankenbesuchen in Tegernsee und Meran erfuhr es die Prinzessin, welchen Trost in ein armseliges Krankenzimmer Blumen bringen können; sie sah es ja, welch dankbare

Die Lieblingsblume der
Prinzessin.

Blicke ihr folgten, wenn sie bei ihren Samaritergängen eine Rose oder sonst eine Blume mitbrachte und sie in irgend ein Glas vor den Kranken stellte. Diese Blume war für den Kranken wie ein Gruß vom Leben, dargereicht von einem Engel der Barmherzigkeit.

Blumen Nie hat sie später diese Erfahrung vergessen, die sie in diesen Jahren machte; nie machte sie einen Krankenbesuch ohne Blumen mitzubringen, und wenn sie selbst nicht kommen konnte, schickte sie wenigstens einen Blumengruß mit einem teilnahmsvollen Worte.

Sie selbst liebte, wie schon gesagt, die Blumen über alles. Blumen, wie sie später selber einmal schrieb, "schön in der Farbe, und von reichem Dufte".

Von allen Kindern Floras bevorzugte sie in diesen Jahren die edelgeformten und starkaromatisch duftenden Fräsien, bis sie später die japanischen Lilien kennen lernte, und diese ihre große Sympathie gewannen; ihre gute Seele wollte überall Blumen erprießen lassen; ja sie betrachtete es geradezu als Beruf der Frau, wie sie in einem Glückwunschschreiben zur Verlobung einer jugendlichen Freundin schreibt, "auf allen Pfaden Blumen hervorzuzaubern", wie eine zweite Elisabeth. Sie selbst faßte ihr Leben jedenfalls so auf, und wer das Glück hatte, sie zu kennen, weiß auch, wie sehr ihr diese Zauberrolle gelungen ist.

Riviera Eine Fahrt mit ihren Eltern auf der Jacht des Fürsten von Monaco zeigte ihr die Welt und die Natur, die sie so schwärmerisch liebte, von ihrer schönsten Seite.

Meer Zum erstenmal sah sie die paradiesischen Ufer der Riviera= landschaften mit ihrer wunderbaren, üppigen, subtropischen Vege= tation; zum erstenmal auch das Meer, das, wie sie später öfters erzählte, damals einen unauslöschlich tiefen Eindruck auf das empfängliche Gemüt der 18jährigen Prinzessin machte. Sonnen= auf= und =Untergang auf dem Meere blieben für sie immer die höchsten Weihestunden der Natur. Wenn das Meer des Morgens von den ersten leisen Sonnenstrahlen geweckt, die

Augen aufschlägt und sich mit den schönsten Rosen des Morgenrotes schmückt und der Sonne entgegenharrt, wie das Kind dem Morgenbesuch der Mutter, oder wenn es sich des Abends, ehe die Sonne für immer von ihm scheidet, in sein herrlichstes Goldkleid hüllt, daß alle Wogenkämme wie in flüssiges Gold gebadet erscheinen, das sind in der Tat Augenblicke, in denen einem empfänglichen Gemüte ein nie vergänglicher Einblick gegeben wird in die zartesten Stimmungen des Seelenlebens der Natur.

Und der Prinzessin Marie Gabrielle war es gegeben, mit der Natur mit zu empfinden. So oft sie später weihevolle Stunden der Natur miterlebte, einen herrlichen Sonnenauf- oder Untergang in der Bergwelt, so fand sie kein anderes Bild zum Ausdruck ihrer Ergriffenheit als das auf dieser ersten Meerreise unvergeßlich eingeprägte: „Schön wie das Meer!"

Toskana Schönheiten anderer Art eröffneten sich ihr bei einem Aufenthalte in Pianore, bei der herzoglichen Familie Parma, die Herrlichkeiten Toskanas. Der Name Toskana allein bedeutet ja ein ganzes Programm kultur- und kunstgeschichtlichen Inhalts. Die herrliche Landschaft, die ihr von den Bildern des Quatrocento her vertraut war, schaute ihr Auge jetzt in Wirklichkeit und die Straßen der Stadt Florenz, der geschlechterstolzen, die so vielen großen Männern das Leben gegeben und so vielen auch in den ewigen Bürgerkriegen das Heiligste geraubt, die durchschritt sie in bedächtigem Sinnen, als ob jedes Haus sie gemahne und erinnere an jene große Zeit, in der Reichtum, Kunst und Wissenschaft hier um die Siegespalme rangen. Und erst die Kunstschätze der toskanischen Metropole! Die stolzen Burgen der Volksgewalt, die trotzigen Paläste der Geschlechter, die Kirchen und Klöster. Freilich begegnete sie in den herrlichen Galerien alten Bekannten, Vertrauten aus dem Unterricht der letzten Jahre; aber wie ganz anders sehen sie hier in Wirklichkeit aus, die Meisterwerke der Früh- und Hochrenaissance!

Das ist warmes, frisch pulsierendes Leben gegen eine kalte Photographie.

Voll Begeisterung nahm Prinzessin Marie Gabrielle die tiefen Eindrücke der kultur= und kunstgeschichtlich hochbedeutsamen Hauptstadt Toskanas in ihr junges empfängliches Gemüt auf. Die Sehnsucht, diese Stadt wiederzusehen, begleitete sie wohl beim ersten Scheiden von ihr; aber nichts in der Welt hätte ihr sagen können, daß sie nach 3 Jahren diese Straßen und diese Galerien wieder durchschritt an der Seite des Mannes, dem sie sich hier für die innigste Lebensgemeinschaft versprochen. Ob damals wohl ein leises Ahnen durch ihr Herz zog, daß sie hier einst das große Glück finden würde?

Neben kunst= und kulturgeschichtlichen Studien — vertieft hauptsächlich durch den Aufenthalt in Toskana — trieb die Prinzessin Marie Gabrielle vorzüglich Musik. Die Musik spielte in ihrem ganzen Leben, wie die Blumen, eine besondere Rolle. Sie war hervorragend musikalisch veranlagt, wenn auch technisch nicht gerade eine Künstlerin. Sie hatte eine wunder= schöne, glockenhelle, große Stimme, mit der sie in Zangberg den Gottesdienst, die Mai= und Herz Jesu=Andachten verherrlichen half. Ihr musikalischer Erzieher, Professor Viktor Gluth, schreibt ihr, der treuen Gönnerin und Freundin der Tonkunst, folgendes Gedenkblatt:

    „Im herzoglichen Hause fand die Tonkunst eine bewußt vornehme Pflege, und Abende, an welchen Streich= quartette oder Lieder und Klavierspiel zum Vortrag kamen, waren in den Wintermonaten daselbst allwöchentliche Er= scheinungen.

    Mit sonnenheller Heiterkeit und angeboren kindlicher Bescheidenheit ließ Prinzessin Marie Gabrielle die musi= kalische Erziehung über sich ergehen und erleichterte so dem Lehrer die im allgemeinen nicht immer ergötzlichen Mo= mente der ersten Klavierstunden. Mit dem herannahenden

Musik

Frühling — eines Bozener Aufenthaltes wegen — schloß, nicht gerade zum Leidwesen der jungen Herzogin, der Musikunterricht. Die Unterbrechung dauerte bis zum Herbste und wiederholte sich in gleicher Art mehrere Jahre hindurch. Da sank meiner Schülerin der Mut, und, was ich erwartet, kam in der plötzlichen Frage: „Glauben Sie, daß es einen Zweck hat, den Klavierunterricht fortzusetzen, da ich so ungeschickt bin?"

Die liebenswürdige Art, mit der die Frage, halb Verzweiflung, halb Sorge, mich zu kränken, gestellt war, hatte zur Folge, daß ich herzlich lachen mußte und die Prinzessin bat, mir offen zu sagen, ob sie denn an der Musik keine Freude finde. „Im Gegenteil, sehr!" war die lebhafte Antwort. „Aber gerade, weil ich die Musik so unendlich gern habe, kommt mir mein Klavierspiel so greulich vor, und am greulichsten, wenn ich daran denke, daß Sie das alles anhören müssen." In diesem Sinne äußerte sich meine menschenfreundliche Schülerin weiter und ahnte nicht, wie sehr sie in meiner Hochachtung stieg, als sie die Worte aussprach: „Ich glaube, es ist doch vernünftiger, gute Musik zu hören, als schlechte Musik zu machen."

Da konnte ich nicht anders, als lebhaft beizustimmen.

In ihrer Herzensgüte fügte sie noch hinzu: „Doch wenn Sie Geduld haben wollen mit mir weiter zu musizieren, so werde ich Ihnen sehr dankbar sein, denn aufgeben werde ich die Musik nie, nur möchte ich darüber beruhigt sein, daß es Ihnen keine Last ist."

Statt vieler höflicher Versicherungen meinerseits setzte ich mich ans Klavier und spielte der freundlich zustimmenden Prinzessin vor.

„Das kann ich nicht fertig bringen; aber eine Stelle ist in der Sonate, die mir besonders gefällt und nicht schwierig zu sein scheint, die möchte ich versuchen."

Es glückte zur Freude der Prinzessin, und so war der neue Weg für das Weitermusizieren gefunden. Von da ab wurden, je nachdem es die Konzertprogramme der Woche wünschenswert machten, Sonaten, Symphonien, Opern und Oratoriumsauszüge aufgelegt und von mir vorgespielt und auch besprochen.

Ab und zu setzte sich die Prinzessin an den Flügel, um ihr gefallende, gut spielbare Rollen durchzuspielen.

Dieses Verfahren befriedigte sie sehr und erfüllte auch mich mit Genugtuung, da ich wußte, daß ich eine junge Dame vor mir habe, die gewillt ist, von der Musik mehr zu fordern als nur die Befriedigung persönlicher Eitelkeit in mittelmäßigem Klavierspiel.

Vorurteilsfrei gab sich die Prinzessin dem Genusse der klassischen, modernen und hypermodernen Musik hin. Sie besuchte fleißig Konzerte, mit Vorliebe Streichquartett=soiréen und Orchesteraufführungen.

Gelegentlich eines Akademie=Konzertes äußerte die Prinzessin: „Schade, daß unsere Plätze so nah am Podium sind. Bei einem klassischen Werk geht es noch an, aber bei einem modernen Stück ist dieses so nahe Sitzen schrecklich. Moderne Musik will eben, wie moderne Malerei, aus einiger Entfernung aufgenommen werden."

Diese vernünftige Anschauung veranlaßte mich zu der nicht ganz einwandfreien Bemerkung, daß es mit der Kunst ebenso sei wie mit dem Leben. Aus der Ferne belauscht oder besehen erscheint es erträglich, wenn aber ein Notschrei aus nächster Nähe an unser Ohr schlägt, oder wir un=mittelbar einen Blick ins nahe Elend tun, dann erschüttern uns die Härten des menschlichen Schicksals. Und dennoch ist das ernste Leben ebenso wie die ernste Musik ohne Härten nicht denkbar.

Mit dieser Bemerkung schlug ich ein Thema an, bei dem die sprechenden Augen der Prinzessin teilnahmsvollst dareinsahen. Teilnahme an dem menschlichen Elend, das Helfen und Stützen ging ihr noch über die Musik. Da waren wir bald weit weg von den Künsten bei dem Wohl und Wehe der Menschheit angelangt, und hier geschah es, daß ich so recht die Tiefe der Seele der jungen Herzogin erschauen durfte.

Sie hatte für die Kunst ein volles Verständnis, für das Leben ein volles Verständnis und übervolles Herz.

Als ich an der Bahre der früh verstorbenen Fürstin stand, erklang in mir unwillkürlich Beethovens ergreifender Gesang: „Sanft wie Du lebtest hast Du vollendet". auf. Mir schien des unsterblichen Meisters Werk für die Tage der Trauer um die Entschlafene wie geschaffen".

Die Musik spielte in ihrem ganzen Leben, wie schon gesagt, eine große Rolle. Fast jede Woche, solange sie in München weilte, war Kammermusik bei ihr; sie hatte einen kleinen auserwählten Kreis von ihr besonders nahestehenden Menschen dazu vereinigt und ließ auch regelmäßig ihre Kinder daran teilnehmen.

Auch wenn sich die Prinzessin nicht wohl fühlte, wurden die musikalischen Soiréen trotzdem abgehalten, sie hörte dann vom Nebenzimmer aus zu.

„Ich gehe gar nicht aus, höre aber dafür bei mir „quite first rate" Musik..... Kapellmeister Reichenberger spielt wundervoll Klavier. Er hat neulich hier den „Feuerzauber" und den „Liebestod" zum Weinen schön gespielt."

„Ich gehe heute Abend in den „Siegfried" (hoffe nur, er wird mich nachher nicht so kaput machen, wie vorgestern die „Walküre"), aber — c'est plus fort que moi! und so muß ich heute wieder hinein."

Ihre Vorliebe für einzelne Lieder und Musikstücke entsprach den jeweiligen Witterungen ihrer Seele, im allgemeinen war sie unvoreingenommen gegen jede Richtung, suchte das Schöne überall unter jeder Form und Hülle heraus, wie ihr musikalischer Lehrer Professor Gluth das schon gesagt hat.

Besonderes Gefallen fand sie an den Kompositionen des Professors Wilhelm Müller, von denen auch der eine und der andere Band ihr und ihren Kindern gewidmet ist. Gar oft hat sie ihn in Nymphenburg oder in Berchtesgaden gebeten, seine eigenen Lieder zu singen.

Wie ihr die Musik der höchste und beste Ausdruck für ihre inneren Empfindungen war, wie sie Freude und Hoffnung, Schmerz und Trauer in Musik versenkte, so wollte sie auch ihre Kinder zur Musik erziehen. Nicht, als ob sie es zu großer technischer Fertigkeit bringen sollten; sie wollte nur, daß ihre Kinder in der Musik auch einmal den Genuß finden können, den sie ihr selbst bereitet hatte. Nur soweit wenigstens sollten sie musikalisch gebildet sein, daß sie imstande sind, gute Musik zu hören und zu verstehen.

Das geliebte jüngste Kind, „das mit so viel Liebe erwartete Fliederbaby", wie sie selbst es nannte, war in die Welt eingetreten unter Erinnerung an eine Konzertétude von Liszt, die die Prinzessin kurz vorher gehört hatte; und als der kleine Liebling von ihr hinweggenommen war, fand sie den meisten Trost in ihrem klagelosen Schmerz, dieses Stück wieder zu hören; dabei hatte sie alles um sich liegen, was sie an den kleinen Liebling erinnerte.

Glücklich war die Prinzessin über die hervorragende musikalische Begabung des kleinen Rudolf; was er an kleinen Liedchen einmal gehört hatte, hielt er sofort fest und gab es richtig wieder. Dazu erfand er sich eigene Melodien, die er tagsüber vor sich hinträllerte oder mit denen er sein kindliches Spiel begleitete.

„Für Musik", schreibt die Prinzessin 14 Tage nach seinem Tode, „war er besonders empfänglich; er hörte immer wieder lange zu und sang schon vor einem Jahr all die kleinen Lieder ganz rein und richtig nach. Sein Morgen und Abendgebet sang er immer — ich habe es ihn nie sprechen hören —".

Die Kaiserliche Familie in Tegernsee

Im Juli 1897 traf Kaiserin Auguste Viktoria mit allen ihren Kindern zum Sommeraufenthalt in Tegernsee ein, und bald entwickelte sich zwischen der Jugend des herzoglichen Schloßes und der kaiserlichen Familie ein reger Verkehr. Eine besonders enge Freundschaft verband Prinzessin Marie Gabrielle mit dem damals 15 jährigen Kronprinzen Wilhelm, der für die liebliche Gespielin eine schwärmerische Verehrung faßte, die bis über ihren Tod hinaus dauern sollte.

Nach einem herzlichen Abschied wurden eifrig Briefe gewechselt, und öfteres Wiedersehen, namentlich gelegentlich des häufigeren Jagdaufenthaltes des Kronprinzen und seiner Brüder in Kreuth, befestigte die Beziehungen. In der frischen, ungekünstelten Art der Herzogskinder fühlten sich der Kronprinz und seine Brüder überaus wohl; es war etwas wie Bergluft, was ihn in diesem Kreise anwehte. Freudig nahm er tätigen Anteil an allen Neckereien und Schelmereien, an Budenzauber und losen Streichen, die heute den, morgen jenen sich zum Opfer auserwählten. Fröhliches heiteres Lachen hallte in den Gängen des alten Jagdhauses wider, wenn irgend ein Opfer ahnungslos in die gestellte Schlinge ging.

Biskra

Den Winter 1897/98 verbrachte die Prinzessin mit ihren Eltern und Schwestern in Biskra in Algerien und lernte auf der Rückreise Tunis, Sizilien, Neapel und Rom kennen.

In Biskra übte der Vater der Prinzessin seine augenärztliche Tätigkeit aus, die seinen Ruhm in kurzer Zeit im ganzen Lande verbreitete. Verschiedene Kaids von Algerien oder deren Familienglieder waren seine Patienten, und diese Vertrauens=

Die Kaiserlichen und Herzoglichen Prinzen und Prinzessinnen in Tegernsee.

stellung ermöglichte ihm und seiner Familie den Zutritt zu den Quellen des orientalischen Lebens, die dem gewöhnlichen Sterblichen in der Regel verschlossen bleiben. Hier bei diesem ersten Aufenthalte im Orient holte sich die Prinzessin Marie Gabrielle jene Begeisterung für orientalisches Leben und Geschichte, die ihr das ganze Leben über erhalten blieb.

Orient

Erfüllt von interessanten Eindrücken kehrte sie von dieser Reise zurück; ihr Gesichtskreis war erweitert; die Zauberwelt des Orients und die wunderbaren Landschaftsbilder Siziliens und Unteritaliens waren ihr Vertraute geworden.

Die Stätten, die sie auf dieser Reise zum erstenmale geschaut, waren reich, wie kaum andere an großen geschichtlichen Erinnerungen, getränkt vom Blute ganzer Völker in dem zwei Jahrtausende andauernden Vernichtungskampfe zwischen Orient und Okzident um die Vormachtstellung in der Welt.

Der Boden ist heute noch übersät von Ruinen, Schutt und Trümmern, Moder, Totengebein der Weltgeschichte, die einzigen trauernden und klagenden Überreste herrlicher Kulturdenkmäler, die diesem Vernichtungskampfe zum Opfer gefallen sind. Die großen Epochen der Geschichte der europäischen Kultur und Zivilisation sind auf diesen uralten Kulturstätten wahrlich in Stein gegraben.

Rom

Dazu noch Rom, die ewige Stadt, geadelt wie keine zweite mehr durch ihre große Geschichte, deren Hauptepochen noch heute in großartigen Monumenten zu uns sprechen, die Hüterin von Kunstschätzen, die nirgends mehr auf der Welt zu sehen sind!

Von Jugend auf hatte sie eine große Vorliebe für Italien, besonders für Rom. „Erzählen Sie mir doch, bitte, von Rom", bat sie in Zangberg oft Mitschülerinnen, die schon dort gewesen waren, und still und atemlos, die großen, schönen Augen weit geöffnet, lauschte sie den Schilderungen der ewigen Stadt mit ihrer schicksalsreichen Geschichte.

Lützel-München. Die Prinzessinnen Elisabeth, Sophie und Marie Gabrielle.

An diese Kindheitsträume muß sie jetzt in Rom wohl gedacht haben; denn über 70 Kartengrüße wanderten aus der ewigen Stadt ins Kloster Zangberg.

Liebe und Verständnis für die Kunst der Renaissance, bei ihrem Aufenthalte in Toskana geweckt, wurde in der Prinzessin Marie Gabrielle in Rom mächtig genährt, und diese große Reise hat ihr ganzes Geistes- und Gemütsleben wohltuend beeinflußt: das Buchwissen war zu einem Beobachten durch eigene Anschauung geworden.

Prinz Rupprecht

Im Juli 1899 war es zum erstenmale, daß Prinz Rupprecht in den intimen Kreis des herzoglichen Hauses trat. Er war von einer orientalischen Reise zurückgekommen und sagte sich in Possenhofen zu Tisch an, um Bilder seiner Fahrten zu zeigen. Da auch fremde junge Prinzessinnen anwesend waren, kam niemand auf den Gedanken, in ihm einen Freier für eine der Töchter des Hauses zu sehen; ja man teilte vielleicht auch die allgemeine Volksmeinung, daß Prinz Rupprecht sich eine außerbayerische Prinzessin als Frau holen werde.

Die Besuche des Prinzen wiederholten sich; er kam auch zur Jagd nach Bad Kreuth, wo man bei dem ungezwungenen familiären Leben sich besser kennen lernen und persönlich näher kommen kann als bei offiziellen Besuchen unter dem Banne der Hofetikette. Immer deutlicher konnte man beobachten, wie Prinz Rupprecht mitten unter den heiteren, angeregten Tischgesprächen die Augen mit besonderem Wohlgefallen auf der in Anmut erblühten Prinzessin Marie Gabrielle ruhen ließ. Ihr selbst mochte das vielleicht keinen außergewöhnlichen Eindruck machen; denn es stand ja alles, jung und alt, unter ihrem Banne, und sie nahm die stille Bewunderung und Huldigung ohne jede Eitelkeit, aber doch als gewohnte Selbstverständlichkeit hin.

Als die herzogliche Familie zum Winteraufenthalt von Bad Kreuth nach München übergesiedelt war, mehrten sich die Besuche des Prinzen Rupprecht im herzoglichen Hause.

Die Herzogliche Familie in Possenhofen.

Auf allen Festlichkeiten, auf denen sich die Prinzessin Marie Gabrielle zeigte, erregte ihre Schönheit allgemeines Aufsehen, und der Prinz mochte fürchten, es könnte ihm ein anderer Freier zuvorkommen. Darum versuchte er schneller ans Ziel zu kommen und suchte sich eine Bundesgenossin in seiner Herzensangelegenheit, indem er seine Mutter zur liebevollen einsichtigen und verständigen Vertrauten seiner Herzenswünsche machte.

Jedermann wußte, welch ernste Geistesrichtung den Prinzen Rupprecht beherrsche, welch tiefe wissenschaftliche und künstlerische Interessen er hege; ein Leben, das bloß des Genießens wegen gelebt wird, und wenn auch die Genußsucht die elegantesten Formen annimmt, lag ihm ferne; niemals war sein Name mit solchen Dingen in Verbindung gebracht worden. So konnte man sich wohl denken, daß er durchaus die ernstesten Absichten habe, wenn er sich auf einigen Bällen jener Saison der Prinzessin Marie Gabrielle mehr widmete, als es gerade die Pflicht der Courtoisie verlangt hätte, — trotzdem überraschte es, als er am 23. Februar gegen Abend ins herzogliche Palais kam, um sich das Ja-Wort der Prinzessin Marie Gabrielle zu holen.

Überrascht war vor allem die Prinzessin selber. Sorglos und heiter, wenn auch etwas verträumt in die Welt schauend, hatte sie sich bis jetzt in aller Harmlosigkeit all der Schönheiten gefreut, die ihr, dem verwöhnten Sonnenkinde, das Leben in üppiger Fülle angeboten, aber der Ernst des Lebens war ihr bis jetzt noch nicht nahegetreten. — Jetzt pochte er plötzlich und unerwartet, entscheidungverlangend bei ihr an, und der Gedanke, so urplötzlich vor eine Entscheidung über ihr Leben gestellt zu sein, beunruhigte sie.

Sie mochte sich wohl fürchten, ihr Lebensschicksal an einen Mann zu ketten, dessen Charakter sie noch wenig kannte, dem sie bis jetzt noch niemals mit dem Gedanken gegenübergetreten war, einmal fürs Leben ihm verbunden zu sein; er könnte ja wohl ein erträumtes Ideal in ihr erblicken, das bei näherem

Prinz Rupprecht und Prinzeſſin Marie Gabrielle.

Zuſehen erblaſſen müßte. Von Klein auf war ſie zurückhaltend und beſcheiden und hatte vielleicht auch etwas wenig Selbſtvertrauen. Was ſie vom Prinzen Rupprecht kennen zu lernen Gelegenheit hatte: ſein gründliches Wiſſen, ſeine großartige Beleſenheit, ſeine reichen Kenntniſſe in Kultur- und Kunſtgeſchichte ſchüchterte ſie ein, ſie fürchtete, ihm geiſtig nicht recht genügen und ihm darum vielleicht nicht das volle Glück geben zu können.

Sie bat, ihre Entſcheidung etwas verzögern zu dürfen; ſie wollte Zeit haben, ſich mit dem Gedanken vertraut zu machen und auch noch etwas Gelegenheit, den Prinzen näher kennen zu lernen.

Am 10. März kam der Prinz glückſelig von Florenz zurück; er hatte ſich während eines Aufenthaltes der Prinzeſſin

Verlobung

Lützel-München.   Prinz Rupprecht und Prinzessin Marie Gabrielle.

Elvira-München. Prinzessin Marie Gabrielle als Braut.

in Florenz, wohin sie mit ihrer Tante, der Gräfin Bardi, Prinzessin von Bourbon gereist war, am 6. März auf einem Balkon des Hotels unter den fröhlichen Klängen der Parademusik von der Prinzessin das Ja-Wort geholt.

Von Florenz aus ging Prinzessin Marie Gabrielle vor ihrer Heimreise nach Rom, um an den Feierlichkeiten des Jubiläumsjahres teilzunehmen — eine ernste Vorbereitung auf den Ernst des Lebens.

Das war alles bisher reine Herzenssache gewesen, ohne daß politische oder höfische Rücksichten auch nur ein Wort mitgesprochen hätten.

Wie der Prinz später oft versicherte, war die Verbindung mit der Prinzessin Marie Gabrielle seit langen Jahren sein Wunsch gewesen. In Indien hatte er stets nach deutschen Zeitungen gefahndet, um zu erfahren, ob sich die Prinzessin nicht etwa verlobt hätte, und er war überglücklich, als er seinen Eltern von Florenz aus die Mitteilung machen konnte, daß er das Ja-Wort der Prinzessin erhalten habe.

Bis nun die Verlobung der beiden glücklichen Menschenkinder den bekannt langsamen Gang der offiziellen Instanzen durchlaufen hatte, und bis alle einschlägigen Fragen geregelt waren, vergingen Tage und Wochen.

Offizielle Verlobungsanzeige

Endlich, am Ostersonntag 1900 wurde die Verlobung offiziell von Seiten des Herzogspaares und des Prinzen und der Prinzessin Ludwig angezeigt.

Im ganzen Bayernlande wurde diese Verlobung mit herzlicher Begeisterung begrüßt. Das Bild der schönen Prinzessin war ja schon längst im Volke bekannt geworden, und das Bayernvolk war stolz darauf, sie einst als Königin begrüßen zu dürfen.

Am 4. Mai fand im herzoglichen Palais die große Verlobungstafel statt.

Elvira-München.   Prinzessin Marie Gabrielle.

Herzogliches Palais in München.

Nun kam der künftige Wohnort des jungen Paares in Betracht, da der militärische Dienst den Prinzen Rupprecht in die Provinz führte.

Bayerns größere Städte wetteiferten untereinander um die Ehre, das Prinzenpaar in ihren Mauern zu beherbergen; von den in die engere Wahl gebrachten Städten: Nürnberg, Würzburg und Bamberg, entschied man sich für letzteres. Der zweite Stock der dortigen Residenz wurde dem jungen Paare als Wohnung angewiesen, und für kürzere Besuche in München wurden ihm Räumlichkeiten im Leuchtenberg-Palais zur Verfügung gestellt.

Prinzeſſin Eliſabeth und Marie Gabrielle.

In der Bamberger Residenz, die seit Jahrzehnten den Dornröschenschlaf geschlafen hatte, regte sich's jetzt auf einmal wie in einem entzauberten Schlosse: fleißige Hände waren tätig um die dem Prinzenpaare zugewiesenen Räumlichkeiten zu modernisieren und zum Empfang der schönen Märchenprinzessin gehörig zu schmücken.

Noch einmal, zum letzten Male vor ihrer Verheiratung, zog's die Prinzessin nach Zangberg — am 27. April — an die Stätte, wo sie ihre Mädchenträume geträumt, wo sie sorglos das Leben nahm, wie der Tag es brachte, wo sie mit weitgeöffneten Augen in die Ferne schaute, fragend, was die Zeit und das Leben ihr wohl bescheren werden. Vor ihrer mütterlichen Freundin, der Bonne Mère, schüttete sie ihr übervolles Herz aus, und eine gewisse Wehmut hat sie wohl beschlichen beim Gedanken, daß die selige, fröhliche Kinderzeit jetzt für immer vorüber sei und daß der Ernst des Lebens, neues Glück aber auch schwere Pflichten und bis jetzt nicht gekannte Sorgen auf sie warten.

Prinzessin Elisabeth, die ältere Schwester der Prinzessin Marie Gabrielle, hatte sich inzwischen in Paris mit dem Prinzen Albert von Belgien verlobt, und man sprach schon davon, eine Doppelhochzeit feiern zu wollen; doch scheiterte der Plan an dem Ableben der Fürstin Josephine von Hohenzollern, der Großmutter des Prinzen Albert.

In weiten Kreisen des Volkes war man froh darüber, daß der Plan der Doppelhochzeit aufgegeben werden mußte. Es besteht nämlich ein weitverbreitetes Vorurteil gegen Doppelhochzeiten, als ob sie Unglück im Gefolge hätten.

In der Zeit der Brautschaft der beiden Schwestern entstand das große Doppelbildnis in Pastell von der Hand Tiny Rupprechts, das die beiden Prinzessinnen ihren Eltern zum Geschenke gaben und das in der Reproduktion weite Verbreitung gefunden hat.

Pastellbild der beiden Prinzessinnen von Tiny Rupprecht.

Hochzeit   Endlich kam der 10. Juli, der Tag der Trauung heran. Die Hoffeierlichkeiten begannen schon am Nachmittag des 8. Juli mit einer Familientafel im Saale Karls des Großen in der königlichen Residenz.

An fremden Fürstlichkeiten hatten sich bereits eingefunden: Erzherzogin Maria Theresia, Erzherzog und Erzherzogin Joseph August, die Erzherzöge Eugen und Friedrich, Prinz Joachim Albrecht von Preußen, die Großherzogin von Luxemburg, Infant und Infantin Alfons von Spanien, Herzog und Herzogin von Parma und das Herzogspaar von Braganza.

Am Vorabend des Hochzeitstages huldigten die Münchner Sänger dem Brautpaare mit einer Serenade vor dem Palais Karl Theodor.

Trüb und grau brach der Hochzeitsmorgen an; schweres, schwarzes Gewölk hing vom Himmel herab, kein Sonnenstrahl konnte durchbrechen; gerade als ob es eine Mahnung sein sollte an die Prinzessin; bis jetzt hatte sie nur des Lebens Sonnenseite gekannt, die nächsten Jahre sollten ihr auch trübe Tage bringen. In ihren Zügen lag ein tiefer Ernst; sie sagte sich wohl, daß nicht nur Glanz und Glück, sondern auch Last und Bürde ihrer in den nächsten Jahren harren.

Die kirchliche Trauung fand in der Allerheiligen Hofkirche statt durch den Erzbischof von München-Freising, Joseph von Stein.

Die standesamtliche Trauung hatte vorher Staatsminister Excellenz von Crailsheim vollzogen. In seiner Ansprache an das hohe Brautpaar wies er auf das Entstehen dieses innigen Herzensbundes hin: „nicht Politik und Konvenienz, aber auch nicht jugendliche Aufwallung, welche keine höheren Rücksichten kennt und geheiligte Schranken durchbricht, haben die Wahl bestimmt, die in dieser Stunde besiegelt werden soll. Sie ist die Frucht eines gereiften Geistes und einer tiefen Herzensneigung, die in der Gleichheit der edlen Art die Gewährschaft ihrer Dauer erblickt."

Zum Schluſſe betonte er noch die Beweggründe, die maßgebend waren, dem neuvermählten Prinzenpaare gerade Bamberg als Residenz anzuweisen. Die Traditionen, die das herzogliche Haus mit der schönen Bischofsstadt an der Regnitz verknüpfen, die Nähe von Banz, des Edelsteins unter den herzoglichen Besitzungen, seien ausschlaggebend gewesen bei der Wahl Bambergs.

Der innige Wunsch, mit dem der Staatsminister seine Ansprache schloß: „Möge das Prinzenpaar in dem unzertrennlichen Bunde der Herzen das dauernde Glück begründen, das jedem Leben den höchsten Wert und Inhalt gibt, das jede Pflicht erleichtert und jede Aufgabe verschönt", ging in dieser Ehe voll und ganz in Erfüllung.

Hochzeitsreise

Die Hochzeitsfeierlichkeit nahm unter Anwesenheit der zahlreichen fürstlichen Hochzeitsgäste glänzenden Verlauf. Nach der großen Galatafel im herzoglichen Palais traten die Neuvermählten ihre Hochzeitsreise über Augsburg nach Paris an; von Paris aus suchte das Prinzenpaar die Schweiz auf und nahm da kürzeren Aufenthalt.

Nach der Rückkehr in die Heimat begann das Leben der Pflichten des Alltags in dem neuen Wohnsitz, in Bamberg. Prinz Rupprecht hatte das Kommando der VII. Infanteriebrigade erhalten, deren Stab von Würzburg nach Bamberg verlegt wurde.

Einzug in Bamberg

Am 23. Oktober 1900 hielt das neuvermählte Prinzenpaar seinen feierlichen Einzug in Bamberg.

Lützel-München. Prinzessin Marie Gabrielle.

Einzug des Prinzenpaares in Bamberg.

Schon lange hatte die alte Stadt des hl. Otto solchen Jubel in ihren Mauern nicht mehr vernommen wie an diesem Tage. Der gute, altfränkische Nationalstolz lohte auf in Begeisterung, daß ein Prinz des bayerischen Herrscherhauses, der einstens Bayerns Krone tragen soll, in der alten Kaiserstadt

Bamberg.

Hoeffle.   Kgl. Residenz in Bamberg.

seine Residenz aufschlug; und das Bild der Prinzessin an seiner Seite, in holder Anmut und alles bezaubernder Lieblichkeit nahm alle Herzen im Sturm gefangen.

Die Stadt prangte im herrlichsten Festkleid, und in allen Straßen, durch die das Prinzenpaar fuhr, ertönten jubelnde Hochrufe der beglückten Bamberger Bevölkerung.

Draußen im Frankenlande loderten auf den Hügeln und Bergen mächtige Freudenfeuer auf, die Anteilnahme des ganzen Frankenstammes an der Ehrung seiner alten Residenzstadt.

Der stolze Rokokobau der neuen Residenz, Meister Leonhard Dingenhofers vornehme Schöpfung, hatte für den Empfang der neuen Herrin herrlichen Festschmuck angelegt.

Lange Jahre war sie verwaist gestanden, hatte geträumt von vergangenen Zeiten, von Festen, die drinnen gefeiert

Hoeffle. Salon der Prinzessin.

wurden, und von Schicksalsschlägen, die das Lebensmark gebrochen haben. Jetzt sollte die stolze Residenz der ehemaligen Bamberger Fürstbischöfe wieder schöne Tage sehen; die Räume, die einst Napoleon beherbergten, sollten Zeugen werden des innigen Eheglückes des jungen Prinzenpaares.

Und es waren überaus glückliche Tage, die der Prinzessin in den Jahren ihres Bamberger Aufenthaltes beschert wurden, die schönen Tage der ersten Liebe.

Jede dienstfreie Stunde widmete der Prinz der Prinzessin; gar oft hatte sie zu seiner Rückkehr irgend eine Schelmerei ausgedacht, und der ungezwungene Heiterkeitsausbruch aus ihren Gemächern lieferte regelmäßig den Beweis, daß die Neckerei geglückt war.

Sie selbst liebte die Blumen, und des Prinzen Arbeitstisch zierten täglich Blumengrüße von ihrer Hand. Was sie an Blumen mit nach Hause trug, wenn sie mit ihrer Hofdame, von dem treuen Syrba begleitet, die herrlichen Partien des Michaelsberger Waldes durchstreifte, das wanderte als Gruß in des Prinzen Arbeitszimmer.

Nach dem täglichen Abendessen zogen sich die Hoheiten zurück, und der Prinz setzte sich mit dicken Bänden neben die Prinzessin und las ihr stundenlang vor.

In Kultur- und Kunstgeschichte ist der Prinz, wie alle recht wohl wissen, die ihm näherzutreten die Ehre hatten, eine Autorität; er besitzt ein Einzelwissen, namentlich eine Museumskenntnis, um die ihn mancher Fachmann beneiden muß. Jeder Mensch fragt sich verwundert, wie er bei den großen Anforderungen seines militärischen Berufes die Zeit findet, die umfangreiche, einschlägige Literatur zu verfolgen.

Das Geheimnis entschleiert sich nur dem, der Verständnis hat für das Carpe Diem = nütze die Stunde, und der begreift, daß ein gutes Buch die beste Erholung ist.

Hoeffle. Toilettezimmer der Prinzessin.

Kinderzimmer. Hoeffle.

Hoeffle.   Michaelsberg in Bamberg.

 In diese Gebiete seines persönlichen wissenschaftlichen Interesses führte der Prinz die Prinzessin nach und nach ein, und wir können uns vorstellen, wie sie ihm eine willige, wißbegierige, gelehrige Schülerin wurde.

 Ihre Liebe war ja mit Bewunderung des tiefen Wissens und Könnens ihres hohen Gemahls gepaart. Wir kennen ja ihre rührenden Zweifel, ob sie dem Prinzen, dem Manne mit den hohen geistigen und künstlerischen Interessen, auch genügen werde, ob sie ihm eine vollgültige Lebensgefährtin sein könne. Und wir verstehen die Liebe und den Eifer, mit dem sie in die geistige Welt des Prinzen einzudringen suchte, stundenlang auf seine Worte lauschte, bis der Prinz selbst mahnte, daß es für sie Zeit sei, der Ruhe zu pflegen.

Bamberg und seine Umgebung

Den lebensvollsten Unterricht bot nun allerdings die Stadt und ihre Umgebung selbst. Ist doch ein gutes Stück deutscher Kultur- und Kunstgeschichte in ihren Mauern verborgen, das dem Sehenden sich leicht erschließt. Und die Prinzessin lernte an der Hand des Prinzen all diese verborgenen Schätze heben.

Ohne jede weitere Begleitung, nur von dem getreuen Syrba gefolgt, durchzog die Prinzessin an der Seite des Prinzen zu Fuß die bergigen, rauhgepflasterten, winkligen Straßen Altbambergs, mit lieblichem glückstrahlenden Lächeln die Huldigungen der begeisterten Bevölkerung entgegennehmend.

Bambergs Kunstmonumente und Kunstschätze wurden zunächst aufgesucht. Und was gab es da nicht alles zu sehen und zu bewundern!

Vor allem der Dom, ein Meisterwerk aus der Zeit des endenden romanischen und beginnenden gotischen Stils. Dann die Michaelskirche, die ehemalige Benediktinerabteikirche mit der architektonischen Grundlage einer romanischen Pfeilerbasilika, später dann teilweise bis ins Mark hinein der Reihe nach gotisiert und barockisiert.

Desgleichen die St. Jakobskirche mit demselben baulichen und kunstgeschichtlichen Geschick.

Alte Hofhaltung in Bamberg.

Alter Hof in Bamberg.

Was besagen diese drei Bauten allein für die Geschichte des deutschen Geistes und des deutschen Lebens, deutscher Kunst und deutscher Kultur!

Dann sind die ursprünglich gotische, später barockisierte Kirche zu Unserer Lieben Frau und die Martinskirche, ein typischer Jesuitenbau, ebenso beredte Zeugen großer Kunst- und Kulturepochen, die über unser deutsches Vaterland hinweggezogen sind und ihre Spuren zurückgelassen haben.

Und was weiß das Stadtbild Altbambergs erst von diesen Zeiten zu erzählen!

Die Residenz, der unvollendete Prachtbau des Fürstbischofs Franz Lothar v. Schönborn, die alte Hofhaltung, ein echter deutscher Renaissancebau auf der Stätte einer alten Burg der Babenberger. Der Alte Hof, der Mädelerhof mit ihren intimen, malerischen Winkeln, die an Schönheit mit Rothenburg o. d. Tauber wetteifern, das Rathaus, und eine Anzahl vornehmer Wohnungsbauten im massigen italienischen oder im leichteren gefälligen deutschen Palazzostil.

Wie Bamberg selbst, so wurde auch seine nähere und weitere Umgebung das häufige Ziel der kultur- und kunstgeschichtlichen Studienfahrten des Prinzenpaares.

Die Altenburg, das Wahrzeichen der oberfränkischen Bischofsstadt, die Burg Giech, Schloß Banz und Kloster Vierzehnheiligen, Schloß Pommersfelden sahen die Hoheiten öfters

Prell-Haus in Bamberg.

als Gäste in ihren Mauern, und überall wunderte man sich, mit welcher Sachkenntnis das Prinzenpaar die hier aufgestapelten Kunstschätze zu würdigen wußte.

Neben diesen geschichtlichen und künstlerischen Interessen, die ihr Bamberg bot, übersah die Prinzessin keineswegs die Schönheiten des Landschaftsbildes, die Bambergs Umgebung auszeichnen. Sie hätte ja nicht die Tochter ihres Vaters sein müssen! Die Freude an der Natur, das Auge für ihre Schönheit, der offene Sinn und das Verständnis für ihre Sprache ist ja allen Herzogskindern mit in die Wiege gegeben worden.

Die lauschigen Wege des Michaelsberger Waldes, die Promenaden des Theresienhaines der Regnitz entlang sahen gar häufig die lichte Gestalt der Prinzessin;

Altenburg bei Bamberg.

Hoeffle.   Schloß Banz.

auch dem weiter entlegenen Hauptsmoorwald mit dem beliebten Bamberger Ausflugsort, dem Jagdhaus Kunigundenruhe galt oft und oft ihr Besuch.

In der geistigen Anlehnung an ihren hohen Gemahl wuchs die Prinzessin in dieser Zeit buchstäblich an ihm empor; sie gewann nicht bloß Interesse, sondern hohes Verständnis und Anteilnahme an seiner reichen geistigen Welt. Gute Bücher über all die Fragen, die den Prinzen interessierten, waren ihr bis zuletzt Lieblingsbegleiter.

Kloster Vierzehnheiligen.

Hoeffle. Regnitzpartie im Hain.

Hoeffle. Jagdhaus Kunigundenruhe.

Prinzessin Marie Gabrielle in Kreuth (Herbst 1900).

Sie war unter der Führung ihres Gatten größer geworden, ihr Verständnis gebildet, ihr Geschmack geläutert. Das wissen alle, die ihr von früheren Jahren her nahestanden. Bescheiden und ohne großes Selbstvertrauen in wissenschaftlichen und künstlerischen Fragen war sie anfangs nur die Empfangende; gar bald aber wurde ihr ursprünglich zaghaftes Urteil sicher und treffend und in anregender Wechselrede folgte sie bald dem Prinzen in all seinen Bestrebungen.

Ueber all diesen vielseitigen geistigen Interessen wurden die körperlichen Uebungen nicht vernachlässigt. Die Prinzessin war, wie wir von ihren jungen Jahren her wissen, eine große Sportsfreundin. Und wie sie es in ihren früheren Jahren gewöhnt, so huldigte sie jetzt auch in Bamberg mit dem Prinzen jeder Art von sportlicher Betätigung.

Sie unternahm mit ihm große Spaziergänge, spielte mit ihm Tennis, ging mit ihm zum Schwimmen, und im Winter pflegten die Hoheiten eifrig den Eissport. Im Schloßgarten wurde eine künstliche Eisbahn angelegt, und so oft es ging und die Zeit es erlaubte, fanden sich die Hoheiten und ihre Suiten zum Eisschießen ein.

Weihnachten   Dann kam das Weihnachtsfest, das erste Weihnachtsfest für die Prinzessin außerhalb des Elternhauses. Den Schmuck des Baumes, die Herrichtung der Geschenke, die auf kleinen und großen Tischen im Thronsaal aufgestapelt waren, übernahm die Prinzessin selbst, unterstützt vom Prinzen, den Suiten und dem einen oder anderen aus dem Kreise des Personals.

Mit anmutigem Lächeln bescherte die Prinzessin unter Mitwirkung des Prinzen die einzelnen Mitglieder ihres Hofstaates und das gesamte Personal; sie vergaß keinen. Und ihre Augen strahlten vor Glück, wenn die Geschenke mit Freude angenommen wurden.

Mit liebenswürdiger Schalkheit hatte sie wochenlang die Wünsche des Prinzen und der ihr näherstehenden Personen

Weihnachten 1901 in Bamberg.

des Personals zu erraten gesucht und an der freudigen Miene der Ueberraschten fand sie ihr größtes Weihnachtsglück.

Es war ja immer das Stück Persönlichkeit, das sie mit jeder Gabe verband, die persönliche Anteilnahme, die jedes, auch das kleinste Geschenk von ihr heiligte, und die wohltuender und kostbarer empfunden wurde als die Gabe selbst. Das war in ihrem ganzen Leben so.

Sie hatte wie wenig Menschen die kostbare Gnade zu schenken und mit dem Geschenk zu beglücken. Jede Gabe, wenn es auch nur eine Blume war, wurde von ihr belebt, erinnerte an irgend ein gemeinsames Ereignis, knüpfte an irgend ein Gespräch an, das dem Beschenkten durch die sinnige Gabe wieder in Erinnerung kam — kurz sie wußte alles zu beseelen, weil sie sich mit zartem Verständnis in das Denken und Fühlen ihrer Mitmenschen versetzen konnte; sie konnte unmittelbar mit ihnen mitempfinden und fühlte instinktiv heraus, was dem anderen wohl und wehe tat.

Wußte sie jemand in Not, in äußerer oder innerer Bedrängnis, so war immer ihr erstes Wort: „Könnte man da nichts tun?" Sie beschäftigte sich in Gedanken damit, sann auf Hilfe, und gab es auch keinen Weg zur Hilfe, so nahm sie doch der Not den bitteren Stachel weg, allein schon durch ihre liebevolle Anteilnahme.

Ihre bezaubernde Herzensgüte erschließt uns neben dem außerordentlichen Liebreiz ihrer Erscheinung das Geheimnis ihrer Macht auf alle, die ihr jemals nahestanden; denn ihr gutes Herz beglückte alle, die in ihre Nähe kamen, schloß keinen aus.

Wieviele kleine Freuden verschaffte sie ihrer Dienerschaft! Der Kammerfrau, die ihr beim Schmuck des Weihnachtsbaumes und bei der Herrichtung der Geschenke fürs ganze Haus mehr als das übrige Personal helfen mußte, schmückte sie persönlich in ihrem Zimmer ein Bäumchen; und wie hier, so war es immer.

Für einen Lakaien, der sich für Astronomie interessierte, abonnierte sie ein naturwissenschaftliches Blatt, damit er Gelegenheit habe, sich weiterzubilden.

Von rührender Güte war sie zu den Kindern des Schloßdieners in Berchtesgaden; als im Sommer des letzten Jahres eines der Kinder an Gelenkrheumatismus erkrankte, besuchte sie es fast täglich, nahm selbst die Fiebermessungen vor, brachte ihm Essen und Spielzeug und doch konnte sie kaum die eigene Erschöpfung und Müdigkeit ertragen.

Immer hat sie sich persönlich um alle gekümmert, die zu ihrem Haushalte gehörten. Wenn jemand krank war vom Personal oder sonst sich in Not befand, ließ sie sich Tag für Tag Bericht erstatten und griff hilfsbereit ein, wo und wie sie konnte.

Wo sie helfend in großer Not beisprang, da begnügte sie sich nicht mit der Leistung der materiellen Gabe, sondern sie gab mit ihr ein Stück ihres guten Herzens, und das hat sicher oft mehr geholfen als die materielle Unterstützung.

So kam es, daß ihre ganze Umgebung ihr mit beispielloser Anhänglichkeit zugetan war und jedes Wort, jeden Blick von ihr als Geschenk betrachtete.

Besorgt und aufmerksam war sie ihren Gästen gegenüber, und die Tage des Aufenthaltes in der Bamberger Residenz waren durch sie zu Freudentagen geworden.

Sie selbst war sich des Zaubers, den sie auf alle Menschen ausübte, durchaus nicht bewußt; diese liebenswürdige Bescheidenheit, der es immer peinlich war, der Gegenstand allgemeinerer Aufmerksamkeit zu sein, war ein wesentliches Stück ihrer persönlichen Anmut.

Geburt des Prinzen Luitpold — Als der Frühling ins Land zog, wurde der Prinzessin ein Kindheitswunsch erfüllt; am 8. Mai wurde Prinz Luitpold geboren, sie konnte "Mama" sein, wie sie in kindlichem Geplauder einst gewünscht hatte.

Ihre schweren, bangen Stunden hat die Prinzessin wie eine Heldin überstanden, und der Prinz, der für ihr Leben bangte, wich keinen Augenblick von ihrer Seite. Glückstrahlend und mit leuchtenden Augen nahm er seinen Sohn in die Arme und jeder Blick sprach innigste Dankbarkeit gegen die junge Mutter aus.

An dem Glücke des Prinzenpaares nahm die Stadt Bamberg und das ganze Bayernvolk tiefsten Anteil. Von der Altenburg herab verkündete Kanonendonner der erregt harrenden Bevölkerung die Geburt des Prinzenkindes, und zum Gedächtnis an diesen Tag ließ die Stadt Erinnerungsmünzen prägen in Gold, Silber und Bronze und eine künstlerische Urkunde ausfertigen über das Taufangebinde der Stadt:

Erinnerungsmünze an den 8. Mai: Vorderseite.

Rückseite.

„Die am 8. Mai laufenden Jahres dahier im königlichen Schlosse glücklich erfolgte Geburt eines königlichen Prinzen hat dem bayerischen Königshause ein neues Mitglied, dem von seinem getreuen Volke allverehrten Prinzregenten einen Urenkel, den beglückten Groß-

Prinz Rupprecht und Erzbischof v. Schork.

eltern ein Enkelchen, das dereinst den bayerischen Königsthron zieren soll, dem beglückten Elternpaare Rupprecht und Gabrielle Maria einen Erstgeborenen, dem Bayernlande einen künftigen Herrscher, der Stadt Bamberg aber die stolze Freude gebracht, „die Geburtsstätte eines bayerischen Königs zu sein und den neugeborenen königlichen Prinzen ganz besonders den „Ihrigen" nennen zu dürfen. Dieser so freudigen Empfindung unserer Stadtbevölkerung soll Ausdruck verliehen werden durch Prägung einer Goldmünze als allerehrerbietigstes Eingebinde mit dem Widmungswunsche für den Neugeborenen: „Wirke — zum Manne gereift — zur Wohlgefälligkeit Gottes, zum Ruhme des königlichen Hauses Wittelsbach, zum Glücke des getreuen

Prinz und Prinzessin Ludwig in Bamberg bei der Taufe des Prinzen Luitpold.

Bayernlandes!" An jedem wiederkehrenden Geburtstage aber unseres „Bamberger" königlichen Sprößlings soll eine Ehrengabe unserer Stadt die Erinnerung wachhalten an des königlichen Prinzen glücklichen Lebenseintritt dahier und an Bambergs unwandelbare Treue und Liebe zum bayerischen Königshause Wittelsbach, soll unseres „Bamberger" königlichen Prinzen gedeihlich Emporwachsen und männlich Wirken segnend geleiten und immer neu die allerehrerbietigste Bitte um königlichen Schutz, Huld und allergnädigstes Wohlwollen für unsere königstreue Stadt Erhörung finden lassen. Die Geburtstagsehrengabe soll sein am 8. Mai 1902: ein gülden Behältnis mit den Bildern der Allerhöchsten Paten: des alloerehrten königlichen Urgroßvaters, der lieben beiden Großväter und der guten Eltern, zu tragen an einem golden Kettlein als Talismann gegen alle Gefahren. Dann alljährlich sei zu wählen ein golden Löffel, bald groß, bald klein, dann goldene Messer und Gabel fein, bis von allen drei Sorten je 30 sich zählen. So wünschen dem Täufling wir der glücklichen Jahre neunzig und eines, der Trübsal und Leiden aber immerdar keines. Mehr Jahre zu notieren, dürft' Macht uns nicht sein, doch zu Gott wir votieren, noch der Zugabe Gnad' zu verleih'n."

Taufe des Prinzen Luitpold

Zur Taufe des Prinzen Luitpold hatte sich eine glänzende Gesellschaft in Bambergs Mauern eingefunden. Erzbischof von Schork vollzog die heilige Handlung im herrlich geschmückten Thronsaal der Residenz und schilderte in seiner Festrede das innige Familienglück des jungen Prinzenpaares in den leuchtendsten Farben.

Was er sagte, war für jeden Wissenden eine selbstverständliche Tatsache, und doch klang es wie eine ahnungsvolle Abwehr des hämischen Neides und der schwarzen Mißgunst, die keinem Sterblichen die Fülle des Glückes gönnen wollen.

Prinzregent Luitpold und Herzog Karl Theodor in Bamberg bei der Taufe des Prinzen Luitpold.

Prinz Luitpold.

Mit dem kleinen Prinzen war ein neuer Faktor in das Leben der Prinzessin getreten, und der forderte anspruchsvoll Beachtung.

Und die brachte man ja dem süßen Kleinen auch gar zu gerne entgegen. Er war bald der Mittelpunkt des Hauses und innerhalb und außerhalb des Hauses der allgemeine Liebling.

Unvergeßlich ist den Bambergern der Fronleichnamstag 1901 geblieben. Beim 4. Evangelium an dem Altare vor der Residenz erschien die Prinzessin an einem Fenster im Arbeitszimmer des Prinzen und hielt den kleinen Luitpold im Arm, in duftiges Spitzengewebe eingehüllt.

Zum ersten Male sahen die Bamberger „ihren" kleinen Prinzen. Wenn sich dann später irgendwo in den Straßen der Stadt sein Wagen sehen ließ, dann waren die Blicke liebevoller Begeisterung auf ihn gerichtet, und in ihm brachte man dem Prinzenpaare seine Huldigung dar.

Prinzessin Marie Gabrielle mit Prinz Luitpold.

Hoeffle. Rosengarten der Bamberger Residenz.

Für das Prinzenpaar war diese Zeit eine Zeit des reinsten Elternglückes.

Was sah der Rosengarten der Bamberger Residenz für herrliche, liebliche Familienszenen! Die Prinzessin, kaum genesen, saß an den schönen Tagen im Garten, der voll berückender Rosenpracht stand. Neben ihr der kleine Prinz im Bettchen. Sie hat ein Buch zur Hand, doch immer und immer wieder gleiten ihre Blicke voll Mutterliebe und Mutterstolz hinüber zu dem kleinen süßen Wesen, das vor ihr schlummert. Hebt sie den Blick, so sieht sie die gewaltigen Bauwerke vor sich, die den Michaelsberg krönen, und weit draußen, am Horizont verblauend, die Berge der fränkischen Schweiz. Wie oft war sie da gesessen, liebeerfüllten Herzens, die Augen träumerisch hinausgerichtet in die weite Ferne.

Eilige, spornbewehrte Schritte rissen sie auf und lenkten ihre Gedanken wieder der Gegenwart und dem Leben zu. Der Prinz kam nachhause und suchte hastigen Schrittes seine Lieben auf. Wenn er bei dieser Begrüßung gerade mit einer tüchtigen

Lungenübung seines Sohnes empfangen wurde, so schmälerte ihm das die Freude des Wiedersehens keineswegs. Bilder des trautesten Familienglückes hat die uralte Linde im Bamberger Schloßgarten geschaut, und die alten Mauern der Residenz lauschten erstaunt dem ungewohnten geschäftigen Leben, das sich um das kleine winzige Wesen in der Prunkwiege entwickelte.

Die weiche, drückende Luft Bambergs war der Erholung der Prinzessin nicht sehr günstig, sodaß an eine Luftveränderung gedacht werden mußte. Es wurden Reisepläne gemacht, man dachte an einen Aufenthalt in Schloß Banz oder in Possenhofen, entschied sich aber schließlich für das Nordseebad Blankhenberge, wohin sich die Hoheiten mit ihren Suiten am 24. Juni begaben. Der kleine Prinz war bei der Herzogin Karl Theodor in Possenhofen in besten Händen.

Neugekräftigt und zur reifen, vollen Schönheit erblüht, kam die Prinzessin im Spätsommer von Blankhenberge zurück nach Possenhofen.

Rom Der Oktober dieses Jahres führte beide Hoheiten nach Italien, über Mailand, Turin, Siena nach Rom. Die ewige Stadt wirkte auf die Prinzessin wie eine Offenbarung. Es war nicht das erstemal, daß sie hier weilte, aber mit solchem Verständnis, das große Glück

Die Prunkwiege des Prinzen Luitpold.

im Herzen, hatte sie die Schönheiten der Tiberstadt vorher nicht geschaut.

Die ewige Stadt gibt ja auf jede Seelenstimmung des Besuchers eine andere Antwort; in den Wundern und Geheimnissen dieser Stadt liest jeder etwas heraus, aber keiner wird sie ganz ergründen. Für den Arbeitsmüden, für den strebenden Geist, für das gequälte Herz bieten die herrliche Natur und die wunderbaren Denkmäler Roms ganz andere Anregungen und Aufgaben, als sie der findet, der, das Glück im Herzen, diese geheimnisvolle Welt betritt.

Die Hoheiten waren im Palazzo Borghese abgestiegen und waren da mitten hinein versetzt in die Erinnerung an jene große Zeit, da Rom zum zweitenmale eine Weltherrscherin werden sollte, da am Hofe des Statthalters Christi auf Erden die Pracht der römischen Kaiser sich erneuerte, da in den neuerstandenen riesenhaften Palästen Geschlechter hausten, deren Bedürfnisse schrankenlos und deren phantastische Träume von Reichtum, Glanz und Schönheit durch keine Wirklichkeit übertroffen werden konnten.

In den langen, einsamen Winterabenden in Bamberg hatte sich die Prinzessin unter der geistigen Führung des Prinzen auf diesen Besuch vorbereitet: was sie da in Kultur- und Kunstgeschichte der Renaissance theoretisch gelernt, trat ihr hier lebend und versteinert entgegen. Und zu alledem malte ihr das eigene große Glück die Welt im rosigsten Lichte; sie war vergnügt und heiter, zu Schelmereien aufgelegt, eine glückliche, junge Mutter.

Den Beschluß des römischen Aufenthaltes bildete der Empfang des Prinzenpaares beim greisen Papst Leo XIII., der auf die Prinzessin einen tiefen Eindruck machte.

Am 3. November verließen die Hoheiten Rom, um über Caserta, Brindisi nach Korfu zu reisen.

In der märchenhaften Villa Achilleon, dem Lieblingsaufenthalte der Kaiserin Elisabeth, der Tante der Prinzessin, wurde Rast gemacht und dann gings über Patras nach Athen.

Das alte Athen, die erste geistige Weltmacht der alten Zeit, ist zwar tot; aber die alte klassische Zeit lebt fort in seinen Reliquien und Ruinen, den schönsten Ruinen der Welt, so weit man Ruinen „schön" nennen kann.

Das war eine neue Welt für die Prinzessin, in der der Prinz ihr begeisterter, unermüdlicher Führer war. Erinnerungen an eine der bedeutendsten Perioden der Weltgeschichte tauchten auf, Namen von Männern der Politik, Wissenschaft und Kunst, die Ewigkeitswert haben, sind mit den Ueberresten des alten Athen verknüpft, Marksteine der Kultur- und Kunstgeschichte.

Welch' mächtige Eindrücke stürmten auf das empfängliche Gemüt der Prinzessin bei den archäologischen Rundgängen auf den Trümmern des alten Athen ein!

Wenn die Sonne herrlich unterging und goldene Abendröte Berg und Tal umwebte, saßen die Hoheiten auf dem Balkon des Hotels, um das schöne Bild der Akropolis beim Flimmerlicht des Mondes in sich aufzunehmen. Das Flammenlicht der Sonne rückt diese ehrwürdigen, über 2 Jahrtausende alten Ruinen zu sehr in die lärmende Gegenwart, das sanfte Mondlicht aber läßt die Vergangenheit zu ihrem Rechte kommen; da überbrückt unsere Phantasie die 2 Jahrtausende und wir glauben uns mitten in die alte Welt hineinversetzt, von der diese königlichen Ruinen uns erzählen.

Von Athen aus wurde noch Delphi und Olympia besucht und dann über Rom, Florenz, München, Kreuth die Heimreise angetreten.

Erst mit Winters Beginn kehrten die Hoheiten wieder nach Bamberg zurück in die Räume, die ihr junges Glück geschaut.

Prinzessin Marie Gabrielle und ihre Schwester Gräfin Törring.

Es kamen jetzt stille Tage im engsten Familienkreise, ausgefüllt durch Mutterglück und Gattenliebe.

In den stillen Winterabenden wurden die wissenschaftlichen Vorbereitungen getroffen zu einem Plane, der von dem hohen Paare schon in der Brautzeit geschmiedet worden war, zu einer Reise um die Welt. Orientalische Kunstgeschichte — ein Gebiet, auf dem der Prinz Meister ist — und Reiseliteratur wurde vorgenommen, um die Prinzessin in die neue Welt des Orients einzuführen. Und an der Hand des kundigen Führers fand sie sich nicht nur mit staunenswerter Anpassungsfähigkeit darinnen zurecht, sondern sie gewann auch eine wahre Begeisterung für den Orient, das Märchenland, wo, wie sie sagte, die Wirklichkeit zum Traume und der Traum zur Wirklichkeit wird.

Diese Begeisterung für den Orient, grundgelegt durch ihren Aufenthalt in Nordafrika in früheren Jahren, genährt durch die Vorliebe des Prinzen Rupprecht für die orientalische Kunst- und Geisteswelt und seine Reiseschilderungen von den Ländern des Ostens, blieb ihr das ganze Leben über erhalten.

Prinz und Prinzessin mit Klein-Luitpold.

So oft in ihrer Gegenwart das Gespräch auf den Orient kam, folgte sie mit lebhaftestem Interesse, und allezeit hatte der Orient für sie den Reiz einer Zauberwelt. Den Vortrag des Wiener Gelehrten Professor Musil über seine Fahrten im peträischen Arabien und über seine Entdeckung des Kalifenschlosses Kuseir Amra verfolgte sie mit Begeisterung; und die versunkene Pracht altorientalischen Kulturlebens, von der Professor Delitzsch so anziehende Bilder entwarf, wandte ihre Liebe und ihr Interesse der unter dem Schutte der Jahrtausende begrabenen altorientalischen Welt zu.

Zu meinen letzten persönlichen Erinnerungen an die Prinzessin gehört ein solches begeistertes Sichversenken in die Schönheiten des Orients. Bilder von Selbstgeschautem tauchten wieder auf, Erinnerungen an längst Gehörtes und Gelesenes klangen nach, und lebhaft sprach sie ihre Sehnsucht aus, bald wieder einen längeren Aufenthalt in Ägypten nehmen zu können.

Mit Spannung verfolgte sie die Reise ihres Neffen, des Herzogs Sixtus von Parma, der im Frühjahr 1912 mit Professor Musil eine Durchquerung des nördlichen Arabien unternommen hatte.

Es war der romantische Zug in ihrem Wesen, die Sehnsucht nach dem Großen, Weiten, Fernen, der ihr die Schönheit der orientalischen Welt so nahe brachte.

Das Weihnachtsfest, das letzte in Bamberg, das diesmal schon im Zeichen des Kindes stand, und der Prinzessin um so mehr

Prinzessin mit Prinz Luitpold.

Prinz Luitpold (Ostern 1902).

Freude machte, dann der Hofball, eines der wenigen Hoffeste, die sie mitmachen konnte, brachten Unterbrechungen des von der Prinzessin über alles geliebten stillen häuslichen Lebens.

Am 11. März kam der deutsche Kronprinz zu Besuch. Es waren fröhliche Tage, da er in der Bamberger Hofburg weilte und mit unverhohlener Freude nahm er teil an dem Glücke, das der Prinzessin erblüht war, zu der er selbst seit Jahren eine tiefe freundschaftliche Zuneigung trug.

Den Sommer dieses Jahres verbrachten die Hoheiten in Berchtesgaden.

Das alte Schloß, das altehrwürdige ehemalige Augustiner-Chorherrn-Stift öffnete ihnen seine Räume.

Die Prinzessin erwartete ihr zweites Kind und sollte hier, im ungemein günstigen Klima Berchtesgadens auf ihre schwere Stunde sich vorbereiten.

Das „Alte Schloß" in Berchtesgaden.

Der alte Kreuzgang des Schlosses und der herrliche Schloß=
garten sind Zeugen geworden des stillen verschwiegenen Glückes,
das mit dem Einzuge der Hoheiten sich hier ausbreitete.

Der kleine Luitpold war schon fünf Vierteljahre alt
und den ganzen Tag bei der Prinzessin. Kam der Prinz von
der Jagd nachhause, so gab es allen möglichen lieben Zeit=
vertreib. Der uralte Kreuzgang horchte erstaunt auf das helle,
schallende Lachen glücklicher Menschen, wenn die hohen Eltern
mit dem kleinen Prinzen spielten. Und ab und zu, wenn das
Spiel gar zu lebhaft zu werden drohte, mußte der Prinz die
Prinzessin an ihren Zustand erinnern, der keine zu großen Auf=
regungen vertrug.

Wurde dann der Tee auf der Terrasse des Gartens ein= genommen oder las der Prinz der Prinzeſſin vor, ſo durfte auch Klein= Luitpold, der Stolz des Vaters, nicht fehlen. Entweder ſpielte er neben den Eltern im Sande, oder er wurde, der größeren Sicherheit wegen, in den Wagen geſetzt. In dieſe Zeit fällt ein Brief von ihr: „Unſer friſches Püttchen (Prinz Luitpold) wächſt rieſig und entwickelt ſich ſehr, geiſtig und körperlich. Ich kann Ihnen gar nicht ſagen, wie

er das ganze Interesse einnimmt! Rupprecht ist furchtbar nett mit ihm und verzieht ihn beinahe. Wenn er ihm beim Lesen fast die Füße ausreißt, weil er probiert, ihm die Stiefel auszuziehen, oder ihm mit großem Gelächter die Zeitung aus der Hand zieht, so lacht Rupprecht nur und ist, glaub ich, noch sehr stolz auf seinen Sohn. Der Kleine ist aber auch ein furchtbar gutmütiges und freundliches Geschöpferl."

Wie oft haben die Bergesriesen des Berchtesgadener Landes, der Hohe Göll und der sagenumwobene Watzmann, im rosenduftdurchtränkten Berchtesgadener Schloßgarten das große Glück dieser drei Königskinder geschaut.

„Ach, es ist so schön hier, zu schön, ich habe Angst vor soviel Glück," meinte die Prinzessin öfters zu ihrer Umgebung, als ob sie eine Ahnung gehabt hätte von dem schweren Leiden und den traurigen Tagen, die ihrer nur zu bald harrten.

Prinzessin Marie Gabrielle mit Prinz Luitpold.

Mag sie nun Angst gehabt haben vor der schweren Stunde, die ihr bevorstand, oder mögen in manchen Augenblicken Ahnungen von dem kommenden schweren Leiden sie durchweht haben, die Prinzessin war nicht von der Art, daß sie über Schwierigkeiten klagte; sie suchte immer zuerst mit sich selbst fertig zu werden, alles zu überwinden.

Und fertig wurde sie in sich vor dem Tabernakel. Tag für Tag kniete sie im Chor der Berchtesgadener Stiftskirche mit dem kleinen Luitpold vor dem Tabernakel und redete mit ihrem Gotte über alles, was ihr Herz an Freud und Leid durchströmte; hatte sie hier Trost und Stärkung gefunden, dann waren Menschenworte überflüssig.

Die Prinzessin war eine tiefreligiöse Natur. Schicksalsschläge und Leiden haben sie religiös vertieft. Wir begreifen das;

wenn man einmal dem Tode nahe war, lernt man die irdischen Dinge unwerten. Sie hat unter allen Äußerlichkeiten die tiefen innerreligiösen Ewigkeitswerte herausgesucht und hat in ihnen in allen schweren Stunden Trost und Halt gefunden. Mit dem Hinweis auf religiöse Gedanken suchte sie auch anderen, ihr im Leben Nahestehenden, Trost in schweren Schicksalsschlägen zu geben.

„Aber es gibt da eine starke Brücke, die man sich bauen kann für alle Jahre hinüber bis zum Wiedersehen, eine lebende, schöne und liebe Erinnerung. Wenn diese Verbindung so ganz lebhaft bleibt, hat man das sichere Bewußtsein, daß auch die wachsame Liebe des Verstorbenen immer bei den Seinen ist, Zeit und Raum gar kein Hindernis bilden können."

Das Andachtsbuch „In Gottes Nähe" von Aurelia von Goßholz lag immer auf ihrem Tische.

Die Verfasserin war selbst durch das Feuer der Leiden und Trübsale hindurchgegangen und konnte mit dem Trost, den sie in der Religion gefunden, nun auch anderen helfen.

Die Prinzessin schätzte dieses Büchlein über alles hoch. „Sagen Sie bitte der Frau, wie gerne ich in ihrem Buche jeden Tag lese, und wie nahe wir beide uns fühlen als Mütter".

Die richtige religiöse Erziehung ihrer Kinder, die Weckung des Verständnisses für die tiefen Werte des religiösen Lebens, namentlich die Vorbereitung des ältesten Sohnes Luitpold für die erste Anteilnahme am kirchlichen Gemeinschaftsleben, für die Beichte und Kommunion, das war eine Angelegenheit, die sie immer und immer beschäftigte. Bis ins Einzelnste hatte sie da alles durchdacht und mit peinlicher Gewissenhaftigkeit den Fortschritt von Stufe zu Stufe verfolgt.

Einfach und in sich gekehrt, zog sie die stille Häuslichkeit dem Pomp und dem Glanz der großen Welt vor — das hatte sie vom Elternhaus mitgenommen, das auch gerne dem Getriebe der großen Welt aus dem Wege ging; darum fühlte sie sich auch wohler in einer einfachen Dorfkirche als bei den großen offiziellen kirchlichen Veranstaltungen der Residenzstadt. Die stille Franziskanerkirche in Berchtesgaden hat sie mit Vorliebe aufgesucht. Stundenlang kniete sie da ungekannt unter den Bauersfrauen in innigem Gebete versunken.

Im Spätsommer, als in Berchtesgaden die Hofjagd begann, siedelte das Prinzenpaar nach Kreuth über und nahm im Königshause Wohnung.

Kreuth

Was nur die herbstliche Gebirgsflora an Schmuck aufwies, war auf Wunsch des Prinzen in den Zimmern der Prinzessin untergebracht. Sonnenblumen mit ihren großen leuchtenden

Tellern, Geranien, Malven, Gentianen, und alles das durchtränkt von kräftigem Latschenduft.

Die Prinzessin war entzückt ob all der Pracht, die zu ihrem Empfange bereitet war; es war, wie der Prinz meinte, das Reich der Märchenprinzessin.

Hier in dieser ruhigen großen Gottesnatur, fern von allem gesellschaftlichen Lärmen und Hasten, im trauten Familienkreise sollte sich die Prinzessin ausruhen und ihrer schweren Stunde entgegenwarten.

Und nach wenig Wochen, am 21. September 1902 schenkte sie dem glücklichen Gatten das zweite Kind, Klein-Irmgard. Wie bei der Geburt des ersten Kindes, wich auch diesmal der Prinz nicht von der Seite der Prinzessin, erfüllt von rührender Aufmerksamkeit und zärtlicher Fürsorge für sie.

Geburt der Prinzessin Irmingard

Prinzessin Irmingard.

Klein-Luitpold konnte sich nicht so rasch in die neue Situation hineinfinden, in der ihm allein die nicht mehr ganze Liebe und das ganze Interesse des Hauses galt. Kaum daß die Prinzessin sich etwas erholt hatte, kam er wieder und wieder eifersüchtig zu ihr gelaufen und flehte sie mit seiner süßen Stimme an: „Mama bielen", bis die Prinzessin nachgab und in Ermangelung des Klaviers in der Villa ihm auf der Mandoline vorspielte. Dann erst gab er sich zufrieden und schmiegte sich zärtlich an seine Mutter an.

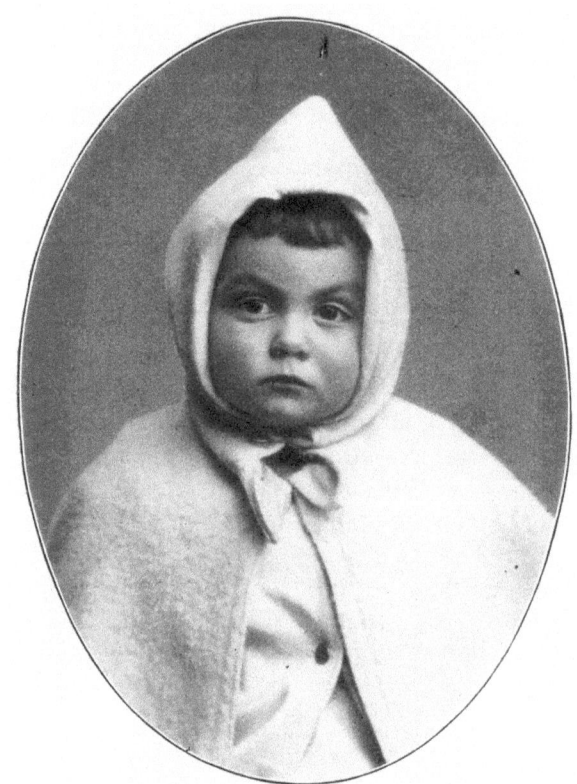

Prinz Luitpold.

Freude an der Musik zeigte der kleine Luitpold schon im ersten Jahre. In Bamberg und in Berchtesgaden bestürmte er seine Mutter oft und oft, ihm vorzuspielen. Und er hätte ihr wahrlich keine Bitte vortragen können, die sie ihm lieber erfüllt hätte. Es war ja selbst ihr sehnlichster Wunsch, daß ihre Kinder Freude und Verständnis für Musik bekommen, und mit Liebe und mit mütterlichem Stolze wollte sie ihre ersten Schritte ins schöne Reich der Töne lenken.

In den nächsten Wochen nach der Geburt der kleinen Prinzessin, da die Mutter tagsüber noch viel ruhen mußte, weilte der kleine Luitpold immer in den Zimmern seiner Mutter und beschäftigte sie mit seinem kindlichen Geplauder. Wenn er merkte, daß die Mutter müde war und ruhen wollte, ließ er sich vom Ruhebette heruntergleiten, ging zum nahestehenden Tischchen, nahm das Bild des Vaters herab, liebkoste es, trug es der Mutter hin, damit sie es auch küsse und trug es dann wie ein kostbares Kleinod wieder auf seinen Platz vorsichtig zurück. Auch von Syrba, dem treuen Begleiter der Prinzessin, verabschiedete er sich noch, erzählte ihm wohl auch, daß er jetzt brav sein müsse, weil Mama schlafen wolle und dann schlich er sich hinaus.

Reise um die Welt

Nachdem sich die Prinzessin vollständig erholt, sollte ein Projekt zur Ausführung kommen, das beide schon in der Brautzeit geschmiedet hatten, eine Reise um die Welt.

Die wissenschaftliche und künstlerische Vorbereitung dazu wurde an den langen, trauten Winterabenden in Bamberg getroffen und in den Tagen des Berchtesgadener Aufenthaltes; jetzt endlich sollte es verwirklicht werden.

Der Entschluß, gerade in diesem Augenblicke die große Reise anzutreten, wurde der Prinzessin nicht eben leicht. Sie war auch lange genug im Zweifel, was sie tun sollte, und fragte da und dort um Rat, ob sie Prinz Rupprecht begleiten oder bei ihren Kindern zuhause bleiben sollte.

Ihr Herz allerdings hatte sich ja schon längst entschieden; das zog sie mit dem Prinzen hinaus in die weite, geheimnisvolle Welt; es lockte ja das Wunderland des Orients mit seinem märchenhaften Zauber.

Und die Kinder waren bei der Herzogin-Mutter so gut aufgehoben wie im Elternhaus.

Sie selbst fühlte sich vollständig gekräftigt, sodaß sie glauben konnte, die langwierige Reise ohne besondere Beschwerden

— 116 —

Prinz und Prinzessin Rupprecht mit Luitpold und Irmingard.

überstehen zu können. Außerdem war sie von Jugend auf gewöhnt, bei körperlichen Unpäßlichkeiten sich niemals nachzugeben und Strapazen und Entbehrungen fürchtete sie nicht.

Also wurde am 22. Dezember 1902 die Reise angetreten.

Mit Prinz und Prinzessin Rupprecht nahm an der Weltreise teil Prinz Georg, außerdem Professor Heinrich Mayer, der vorher mehrere Jahre als Professor für Forstkunde in Japan geweilt hatte.

Genua

Am 24. Dezember fuhren die Hoheiten von Genua ab und feierten Weihnachten auf dem Schiffe. Die Herzogin Karl Theodor hatte heimlich einen Christbaum mitgegeben, und der brannte in der Schiffskabine.

Über dieses Weihnachtsfest, das dritte seit ihrer Verheiratung, schrieb die Prinzessin:

„Wir zündeten den Christbaum an und gedachten der anderen zu Hause — des Babys, und mir erschien die Reise sehr, sehr lang!"

Aden

In Aden gingen die Hoheiten zuerst an Land, waren entzückt von dem bunten Getriebe und photographierten viel.

Wie sorgfältig das Prinzenpaar die Reise vorbereitet hatte, wie zielbewußt an jeder Station das Interessante vorher schon genau ins Programm eingesetzt und daher auch mit scharfer Einzelbeobachtung aufgenommen wurde, beweist am besten das interessante Buch, das uns Prinz Rupprecht über diese Reise geschenkt hat: „Reiseerinnerungen aus Ostasien", München, Beck'sche Verlagsbuchhandlung 1906. Für die näheren Details der Reise sei auf dieses hübsche und interessante Werk verwiesen.

Colombo

Von Aden ging es nach Colombo.

„Es ist kein Land", schreibt die Prinzessin darüber, „es ist ein Traum; ein Duft liegt darüber, ganz unbeschreiblich. Alles blüht und duftet in der Hitze. Die großen Bäume sind über und über voll Blüten in allen

Farben, rot, rosa, lila, gelb und weiß. Dann die hohen Palmen und Mangos, es ist prachtvoll. Die ganze Natur ist so üppig und so verschwenderisch. Dazu eine ganz rote Erde und diese uns so ungewohnte Tropenluft. Es macht alles einen ganz merkwürdigen Eindruck — und diese Menschen, diese Inder mit den tigerartigen Bewegungen .... Dabei hatten wir Vollmond, eine stille, schwüle Nacht, nur Fledermäuse und fliegende Hunde schwirrten umher, und Cykaden und Geggos zirpten. Große Leuchtkäfer fliegen, und aus den Palmen und Mangos grooes klang ab und zu die melancholische Musik der Tam-Tam aus den Lagern der Eingeborenen. Ceylon ist ein Sommernachtstraum".

Auch von Java erzählt sie in den Briefen: — Java

„Hier ist es ähnlich wie in Ceylon, aber noch tropischer ist natürlich die überwältigende Vegetation mit den Riesenbäumen und Riesenluftwurzeln. Und von Baum zu Baum diese meter- und meterlangen Lianen! Von hohen Bäumen hängen die Riesenorchideen schwer herunter."

Diese märchenhafte Natur war der Rahmen, in den die Prinzessin Marie Gabrielle hineinpaßte; hatte sie doch selbst etwas an sich von einer gütigen, beglückenden Märchenprinzessin; und wenn sie später ihren Kindern Märchen erzählte von den großen, leuchtenden Blumen, von den riesengroßen, herrlich leuchtenden Käfern, die die tiefe schwarze Nacht gespenstig erhellen, dachte sie träumend wohl zurück an die indische Pracht, deren Zauber sie geschaut und eingesogen.

Kurz nach der Ankunft auf Java fühlte sich die Prinzessin krank; wahrscheinlich hatte sie einen heftigen Malaria-Anfall, der sie hinderte, an der Expedition ins Innere der Insel teilzunehmen.

Von Java gings hinüber nach China. — China

Die Gesundheit der Prinzessin ließ noch immer zu wünschen übrig. In Shanghai kam sie ziemlich elend an, hatte sich zu ihrem Fieber noch eine heftige Erkältung geholt, sodaß sie sich auch in China große Schonung auferlegen mußte.

Peking Während der Prinz das Land mit der vieltausendjährigen Geschichte kreuz und quer durchstreifte, blieb sie in Peking bei Gräfin Montgelas zurück.

Mit ihr und dem einen oder anderen Herrn der deutschen Gesandschaft sah sie sich das interessante Getriebe der chinesischen Hauptstadt an, besuchte in Peking selbst einzelne Tempel und Paläste und machte kleinere Ausflüge in die nächste Umgebung.

Kurz bevor die Hoheiten China verlassen wollten, erhielten sie eine Einladung ins Kaiserliche Hoflager nach Pao-Ting-Fu.

Ein Extrazug brachte das Prinzenpaar und seine Begleitung von Peking in die Provinzhauptstadt von Chi-li; die Prinzessin und Gräfin Montgelas wurden von der Kaiserin-Regentin, Prinz Rupprecht vom Kaiser empfangen.

Ein reizendes Stimmungsbild über diese Fahrt sowohl, wie über Leben und Treiben am Hoflager selbst gibt Prinz Rupprecht in seinen Reiseerinnerungen.

Die Kaiserin-Regentin trug über ihrem Staatskleide wertvollen altchinesischen Schmuck, den die Prinzessin, nicht genau bekannt mit dem chinesischen Hofzeremoniell, lebhaft bewunderte. Da riß sich die Kaiserin, die an der liebreizenden Gestalt der Prinzessin großen Gefallen fand, zum größten Erstaunen ihres chinesischen Hofstaates diesen Schmuck von der Brust und reichte ihn der Prinzessin zum Geschenke. Mit impulsiver Liebenswürdigkeit löste sich darauf die Prinzessin ein Armband los und reichte es der Kaiserin als Gegengabe. Die war über dieses europäische Schmuckstück so entzückt, daß sie es freudestrahlend ihrer ganzen Umgebung zeigte und mit Worten und Zeichen ihre lebhafte Freude zu erkennen gab.

Nach ihrer Rückkehr nach Peking kamen noch zu wiederholtenmalen allerhand Geschenke — Leckereien, Früchte, Blumen — als Zeichen der kaiserlichen Gunst in der Wohnung der Hoheiten an.

Ihre Zimmer in der Gesandschaft in Peking hatte die Prinzessin aufs herrlichste ausgeschmückt mit den hübschen chinesischen Topfblumen, kleinen blühenden Pfirsich-, Aprikosen- und Mandelbäumchen, die in Töpfen gezogen werden.

An den chinesischen Aufenthalt der Prinzessin erinnerte der kleine Fu, ein chinesischer Zwerghund, den sie durch die Vermittlung eines Herrn von der Gesandtschaft erhielt und der bis in die letzten Jahre die Freude und das Entzücken der kleinen Prinzen bildete.

Während ihres Aufenthaltes in Peking hatte die Prinzessin schon oft den Wunsch ausgesprochen, einen dieser reizenden chinesischen Hunde zu erhalten. Der Herr, der mit der Besorgung dieses Kleinodes beauftragt war, hatte

Der „kleine Fu".

aber offenbar auf diesen Auftrag vergessen, und eines schönen Tages an den Wunsch der Prinzessin erinnert, durch einen Boy einen häßlichen Straßenköter an feinem rotseidenen Bande geschickt. Der

Boy versicherte noch dazu in aller Harmlosigkeit, daß dieser Hund sehr groß werden wird. In der Prinzessin regte sich sofort der Schalk: mit liebenswürdigem Lächeln sagte sie dem Herrn, der gekommen war, um sich nach der Ankunft des Hundes zu erkundigen, daß sie ihm selbst mit diesem Hündchen eine kleine Freude bereiten wollte und händigte ihm mit verbindlichem Lächeln den Köter am rotseidenen Bande ein.

Tokio

Am 24. April traf das Prinzenpaar in Tokio ein und wurde hier jäh aus der genießenden Stimmung gerissen. Sie fanden hier die erschreckliche Nachricht vor, daß Klein-Irmingard am 21. April in Tegernsee der Diphtherie zum Opfer gefallen war.

Tagelang fand die schwergetroffene Mutter vor Erschütterung keine Worte. Es war ja von klein auf ihre Eigenart, alle Sorgen und Kümmernisse in sich zu verschließen und nicht zu klagen.

Wie sehr sie diese Trauernachricht erschüttert hat, ersehen wir aus einem Briefe von dieser Zeit:

„Ich werde diesen fürchterlichen Eindruck nie von Japan und dem dortigen Aufenthalte trennen können."

Erkrankung der Prinzessin

War ihre Gesundheit bis zu diesem Augenblicke auf der Reise nicht immer gut gewesen, so wurde sie von jetzt ab immer schwankender.

In Japan war die Prinzessin wochenlang an ein Seebad gebannt. Prinz Rupprecht weilte bei ihr, während Prinz Georg Ausflüge ins Innere Japans unternahm.

In Tokio wurde bei einem abermaligen heftigen Krankheitsanfall der Prinzessin Professor Dr. Scriba konsultiert, und dieser stellte nach eingehender Untersuchung Blinddarmentzündung fest und schlug eine alsbaldige Operation vor. Doch stand man von dieser Operation zunächst ab aus verschiedenen Erwägungen. Die Ungewißheit der aus der Operation sich ergebenden Eventualitäten, die Möglichkeit einer lange anhaltenden Beschränkung der Beweglichkeit durch Auftreten von Venenentzündung oder Trombose ließ eine Operation im fremden Lande, so ferne der Heimat, noch dazu in der Zeit der einsetzenden Hochsommerhitze nicht angezeigt erscheinen.

Und die tatsächlichen Folgen der später nach der Rückkehr in München ausgeführten Operation gaben diesen Erwägungen recht.

Es wurde also zunächst der Aufenthalt im japanischen Seebade bis gegen Mitte Juli ausgedehnt. Die Seelenstimmung der Prinzessin über diese körperlichen Leiden und den schweren Schicksalsschlag war eine sehr gedrückte.

„Ich und dieses Invalidenleben führen! Wenn Äußerliches einwirken kann auf unser inneres Leben, so ist jetzt alles dazu angetan, meine Stimmung noch trostloser zu machen. Rupprecht ist so nett mit mir, und will ich jetzt den Kopf hochhalten wegen ihm, aber es geht so schwer!"

Mitte Juli wurde über St. Franzisko, New-York die Heimreise angetreten. *Heimreise über Amerika*

Auf dem Rückwege durch Amerika wurde das Befinden der Prinzessin immer schlimmer, und in New-York waren schon alle Vorkehrungen getroffen zu einer Blinddarmoperation. Im letzten Momente aber stand man auch jetzt davon ab, nahm aber den Chefarzt des deutschen Spitals in New-York, Dr. Kiliani, einen geborenen Bayern, den der Prinz von früher her kannte, zur Vorsicht mit auf das Schiff, um nötigenfalls die Operation sofort vornehmen zu können.

Aber bis zur Ankunft in München am 13. August wurde *Operation* die Operation hinausgeschoben und dann hier im Krankenhaus des Roten Kreuzes am 18. August ausgeführt. Die Operation gelang zwar gut, aber es trat nach der Operation eine langwierige Venenentzündung auf, die der Patientin lange Zeit zu schaffen machte, und das Vorhandensein einer Trombose legte der Prinzessin für ihr ganzes Leben eine große Schonung auf.

Prinzessin Marie Gabrielle und Prinz Luitpold.

Berchtesgaden

Wiederum ward Berchtesgaden als Sommeraufenthalt ausersehen, und zwar rüstete sich diesmal die königliche Villa, die Prinzessin aufzunehmen. Mit dem kleinen Prinzen Luitpold, der ihre ganze Freude war, siedelte sie im Spätsommer 1903 dahin über. Prinz Rupprecht war oft in militärischen Pflichten von seiner Familie ferngehalten, verbrachte aber alle seine freien Tage in Berchtesgaden.

Die Prinzessin mußte meist liegen; aber nie glaubte man eine Kranke vor sich zu haben.

In ihrem Bestreben, alles Unästhetische zu vermeiden, lag sie wie eine Feenkönigin in Spitzen gebettet, umgeben von schönen

Prinz Luitpold.

Reiseandenken und von Blumen; dazwischen standen die kleinen Sträußchen, die ihr Prinz Luitpold von seinen Ausgängen mitbrachte und die ihr lieber waren als die herrlichsten Erzeugnisse der Kunstgärtnereien. Sie beschäftigte sich viel mit dem geweckten Kleinen, der mit weit geöffneten Augen ihren Märchen und Erzählungen lauschte, zu denen sie die Bilder aus ihren Erinnerungen aus dem Orient zusammenwob.

In der liebevollsten und geschicktesten Weise wußte sie den Kleinen zu beeinflußen und zu führen. Ohne ein hartes tadelndes Wort erreichte sie bei dem Kinde, was sie wollte; die Bemerkung „so wäre es viel schöner" oder „ich würde es so machen" war für das zartfühlende Kind eine sichere Richtschnur. Sein Gehorsam war musterhaft und seine Zärtlichkeit für seine schöne Mutter rührend. Seine größte Freude war, um die Mama zu sein; in jeder freien Stunde und Minute war sein erstes Wort:

Rottmayer. Königliche Villa in Berchtesgaden.

„jetzt gehe ich zur Mama". Und als er in der Zeit der schweren Erkrankung der Prinzessin nicht mehr den ganzen Tag bei der Mutter sein konnte, meinte er, wie sehr krank muß doch die Mama sein, wenn sie ihren Bubi nicht mehr sehen kann.

War der Prinz Rupprecht in Berchtesgaden, so widmete er den größten Teil seiner freien Zeit der Prinzessin und las ihr aus dicken Bänden vor, wie einst in früheren Tagen. Nur war sie jetzt nicht mehr die einseitig Empfangende; sie war inzwischen an ihm geistig emporgewachsen und hatte ihm mit ihrer reinen kindlichen Seele, ihrem sonnigen heiteren Gemüt ein Stück Jugendfrische und Kindlichkeit gegeben. Sie war unter dem Einfluß des Prinzen und im stetigen geistigen Kontakt mit ihrem Vater, dem Herzog Karl Theodor menschlich großdenkend geworden, frei von Kleinlichkeit, ohne ihre liebenswürdige Güte, das schöne Erbteil ihrer Mutter, eingebüßt zu haben. So verständig war ihr Mitempfinden, so wohlwollend waren ihre Ansichten und Urteile geworden! Diese ihre geistige Reife war wesentlich beeinflußt durch ihr Eingehen in die Gedankenwelt des Prinzen Rupprecht; daraus machte sie niemals ein Hehl. Sie war geistig durch ihn groß geworden, hatte alles mädchenhaft Vage, Sentimentale abgestreift, und doch war ihr der Duft und die Poesie einer zart empfindenden Menschenblume geblieben.

München

Im Spätherbst konnten Ausfahrten und kleinere Spaziergänge gewagt werden, und die Erholung machte so weite Fortschritte, daß die Prinzessin nach ihrer Uebersiedelung nach München, im Laufe des Dezember, wo die Familie nun das Palais Leuchtenberg bewohnte, wieder daran denken konnte, ihren gesellschaftlichen Verpflichtungen nachzukommen.

Zu Besuchen bei befreundeten, ihr nahestehenden Personen nahm sie mit Vorliebe den kleinen Luitpold mit.

Es stellte sich jedoch bald heraus, daß man sich von dem Optimismus der Prinzessin, die es nicht liebte zu klagen, sondern alles in sich zu verschließen, hatte täuschen lassen. Die gesell-

Palais Leuchtenberg.

Elvira-München. Prinzessin Marie Gabrielle und Prinz Luitpold.

schaftlichen Verpflichtungen strengten sie mehr an, als sie selbst sich eingestehen wollte. Besuchemachen und Treppensteigen waren zu viel Ermüdung für die kaum Genesene und sie mußte sich wohl oder übel wieder schonen und zu wiederholtenmalen Bäder aufsuchen.

So weilte sie im April und Mai 1904 in Bad Levico bei Trient, von wo sie am 26. Mai nach München zurückkehrte. Dann verweilte sie häufig bei ihren Eltern in Possen-

Levico

hofen oder in dem von ihr so sehr geliebten Kreuth oder in der königlichen Villa in Berchtesgaden.

Geburt des Prinzen Albrecht

Am 3. Mai 1905 ward ein zweiter Sohn, Prinz Albrecht geboren, ein durchaus gesunder, kräftiger Knabe, was man nach den vielen Leiden der hohen Mutter kaum zu erwarten wagte. Er wurde am 24. Mai getauft und Prinz Albert von Belgien, der jetzige König der Belgier, war Taufpate.

Ostende

Im Juni dieses Jahres suchte die Prinzessin zur Erholung und Kräftigung das Bad Langenschwalbach auf, wo sie bis Ende Juli verweilte. Von da ging sie zum Besuche ihrer Schwester, der Prinzessin Albert von Belgien nach Ostende.

Prinzessin Marie Gabrielle mit Prinz Luitpold (1904).

Sie kehrte ziemlich gekräftigt von da zurück, und ein längerer Herbstaufenthalt in Kreuth tat sein Übriges, um die Prinzessin zur allgemeinen Freude wieder gesund und blühend erscheinen zu lassen.

Wenn auch ihr körperliches Befinden durchaus nicht ideal war, so hatte sie doch so viel Selbstbeherrschung, daß sie sich in der Wintersaison 1906 zwang, ihre gesellschaftlichen Verpflichtungen wieder aufzunehmen. Sie hatte es nie gelernt sich nachzugeben und kam dadurch über kleine Unpäßlichkeiten leicht hinweg und

Elvira München   Prinz und Prinzessin Rupprecht mit den Kindern Luitpold und Albrecht.

ihr ewig gleichbleibendes heiteres Gemüt ließ auch ihre eigene Umgebung nicht merken, wie tief eigentlich das Übel steckte.

Armenball

Der 6. Februar dieses Jahres 1906 ist der Münchener Bevölkerung ein großer Tag gewesen und bleibt für sie eine ewige Erinnerung an die verstorbene Prinzessin: zum ersten Male seit langer Zeit und zum letzten Male für ihr ganzes Leben besuchte sie eine öffentliche Veranstaltung; in strahlender Anmut erschien sie unter dem Jubel der Münchener Bevölkerung auf dem Armenball im Deutschen Theater; alles war von dem gewinnenden Liebreiz der Prinzessin entzückt.

Berchtesgaden und Possenhofen

Sommer und Herbst des Jahres 1906 verlebte die Prinzessin in Berchtesgaden und Possenhofen. Sie sollte so lange als möglich Landluft haben und doch in der Nähe von München sein; so ergab sich Possenhofen als geeignetster Herbst-Aufenthalt.

Damals entwarf sie schöne Pläne zur Ausschmückung des Parkes in Possenhofen:

„Der Park", schreibt sie, „als solcher ist wunderbar hier! Aber die Blüten, die Blumen, das alles sehr spärlich. Wenn ich nun so herumgehe hier, möchte ich immer Blüten, Blüten hervorzaubern! . . . . Es fehlt hier eben immer an „wie und wer" es mal ins Rollen bringen soll und so bleibt eben alles, wie es war, Teppichgärtnerei, arme langweilige kleine Gewächse, ohne Schwung und ohne Freude, ohne Duft und ohne Farbe! Nun habe ich einen netten Plan, der mir viel Freude macht, wenn er gelingt. Zum Danke für mein hiesiges „Hausen" nicht viele Worte, aber sprechende, lachende Blüten. Es wäre so hübsch, wenn nächsten Frühling und Sommer alles Duft und Farbe wäre. Die Beete: Rosen, die Laubgänge auch mit solchen gezogen, gegen den See Iris. Unter den Bäumen, in den Wiesen Lilien ꝛc. — so recht „sieh' es lacht die Au."

Grainer   Prinzessin Marie Gabrielle mit Prinz Luitpold.

Herzogliches Schloß Possenhofen.

Welch erquickende, zuversichtliche Stimmung spricht aus diesem Briefe! Mit keiner Silbe ist verraten, daß gerade dieser Aufenthalt in Possenhofen, die Zeit der bevorstehenden vierten Mutterschaft der Prinzessin, eine Zeit aufreibender körperlicher Leiden für sie war; und trotzdem freute sie sich darauf, ein Kind mehr zu bekommen.

„Ich habe für diesen Winter eine große Freude vor mir", schreibt sie, „obwohl ich mich diesmal viel schonen muß, tue ich es gerne, ich weiß ja für welch lieben Grund es ist!"

Ihr Ideal war, wie sie oft und oft sagte, eine große Kinderschar um sich zu haben.

Den ganzen Sommer über wollte sich das Befinden der Prinzessin aller Schonung und aller Pflege zum Trotz nicht bessern. Sie mußte die meiste Zeit liegen und trotzdem verschlimmerte sich ihr Zustand, namentlich nach der Rückkehr nach München von Woche zu Woche, von Tag zu Tag, sodaß die Ärzte und der Prinz um ihr Leben bangten.

Schwere Erkrankung

Am 7. Dezember 1906 wurde die Prinzessin zum großen Schmerze ihres Gemahls und ihrer Eltern sowie des ganzen Königshauses von einem toten Kinde frühzeitig entbunden. Das Kind war eine Tochter, und die arme Mutter beweinte still das namenlose kleine Wesen.

Die Prinzessin war durch furchtbaren Blutverlust sehr geschwächt und schwebte lange zwischen Leben und Tod. Am 18. Dezember war man auf das Schlimmste gefaßt. Die Teilnahme, an der die Freude und das Gruseln an der Sensation sicher keinen Anteil hatte, war eine allgemeine; fortwährend wogte eine sich stauende Menschenmenge um das Palais Leuchtenberg, um die neuesten Berichte vom Befinden der hohen, allgeliebten und allverehrten Frau zu hören.

Als die Prinzessin später — es war in der Weihnachtswoche — davon vernahm, war sie bis zu Tränen gerührt ob all der Teilnahme, die man ihr entgegenbrachte.

Langsam erholte sie sich gegen das Frühjahr zu, hatte noch immer keine Klage auf den Lippen, erwähnte mit keinem Worte die ausgestandenen Schmerzen, zeigte nur heitere, rührende Teilnahme für alle, die ihr näherstanden.

Als sie vom langen Krankenlager zum erstenmal sich erhoben hatte, gab Prinz Rupprecht zum Ausdrucke seiner Freude über ihre Genesung ein kleines Fest, zu dem nur die paar Intimen ihres Kreises zugezogen wurden. Die Wiedergenesene sollte überrascht werden. Das Programm hatte einige Musikstücke vorgesehen, und die Kinder erschienen und gaben ihr Blumen. Die Prinzessin war unendlich gerührt über die sinnige Aufmerksamkeit und fand kaum Worte um ihrer Freude Ausdruck zu leihen.

Elvira-München.   Prinzeſſin Marie Gabrielle mit Prinz Albrecht.

Nachdem die Krisis überstanden war, ging sie für einige Zeit nach Tarasp, später, im Laufe des Sommers, nach Ostende. Schon in jener Zeit ging ein banger Zug der Sorge um das Leben der Prinzessin durch ganz Bayern; denn auch der Aufenthalt in Ostende hatte nicht kräftigend genug gewirkt, um die stets wiederkehrenden Fieberanfälle zu bannen. Die Aerzte konstatierten eine chronische Nierenerkrankung, die sich mit der Zeit ausheilen könne und keine Lebensgefahr bedeute. Die Prinzessin hatte ja bisher soviel Widerstandskraft gezeigt, daß man Hoffnung auf gänzliche Wiederherstellung hegen durfte.

Geburt des Prinzen Rudolph

Wieder erwartete sie ein Kindchen; die glückliche Geburt des dritten Sohnes Rudolph in Nymphenburg am 30. Mai 1909, des „Fliederbabys", denn er ward zur Zeit der Fliederblüte geboren, überwand sie auffallend schnell.

Wildungen

Auf den Rat der Aerzte gebrauchte sie die Heilquellen von Wildungen. Von dort schreibt sie, August 1909:

„Die Kinder sind ganz wohl, Gottlob! Luitpold schreibt schon so nette Briefe. Albrecht ist die Unterhaltung Aller. Der ganz kleine Rudolph ist, das muß ich selbst sagen, herzig! Gott sei Dank nach all dem Fieber und Elendsein von mir, eigentlich gegen alles Erwarten ein kräftiges, gar nicht nervöses Kind."

Glaubte man die Prinzessin endlich erholt, hatte sie, wohl aussehend, wieder angefangen, die Pflichten der Geselligkeit aufzunehmen, so stellten sich stets wieder Rückfälle ein.

Tod des Vaters

So war sie verhindert, den 70. Geburtstag ihres Vaters, des Herzogs Karl Theodor, am 9. August 1909 mitzufeiern und war auch durch Krankheit in München zurückgehalten, als Herzog Karl Theodor, am 30. November desselben Jahres in Kreuth verschied.

Der Tod ihres Vaters und der Schmerz um die trostlose Mutter hatten die Prinzessin sehr angegriffen. Wenn sie nach einigen Tagen des Sichbesserfühlens nach Kreuth zum Besuche

Die Königin der Belgier und Prinzessin Marie Gabrielle mit ihren ältesten Kindern.

ihrer Mutter fuhr, stellte sich fast regelmäßig wieder Fieber ein, so daß die Ärzte von weiteren Besuchen in Kreuth abrieten.

Forte dei Marmi

Um den ungünstigen Witterungsumschlägen des Münchener Frühjahrklimas zu entgehen, reiste die Prinzessin im Frühjahr 1910 mit ihren Kindern nach dem italienischen Seebade Forte dei Marmi, von dessen herrlichem, heiterem Klima man eine gründliche Heilung erhoffte. Und in der Tat lauteten anfangs die Nachrichten auch recht günstig; aber sei es, daß das Übel doch tiefer saß, als man vermutete, sei es, daß die psychische Depression, die ihr weiches, gutes Herz befiel über den tragischen Tod eines der Getreuesten aus ihrem Personal, ihr physisches Befinden ungünstig beeinflußte, sie kehrte keineswegs geheilt zurück.

Die Prinzessin war mit ihrem kleinen Hofhalte nach Italien vorausgefahren, der Prinz folgte ein paar Tage später nach. Bei seiner Ankunft in Forte dei Marmi wußte er noch nichts von dem Unglücke, das sich in der Familie seiner Lieben zugetragen hatte. Die Prinzessin sann auf Mittel und Wege, wie es sich ermöglichen ließe, dem Prinzen die Aufregungen zu ersparen, die mit dem Unglücksfalle verbunden waren, damit ihm nicht der Genuß seines Aufenthaltes in Italien verkürzt werde.

Wie rührend ist diese treubesorgte Rücksichtnahme auf den Gatten! Sie selbst kümmert sich nicht um die eigene schwankende Gesundheit, das kämpft sie mit eiserner Energie nieder. Ihr Beruf ist eben „Blüten zu streuen", vor allem ins Leben dessen, dem sie sich für immer zu eigen gegeben hat.

Und so war ihr ganzes Leben. Immer heiter, nie launenhaft, immer von derselben gewinnenden Liebenswürdigkeit und Herzensgüte gegen jedermann, nie aufgeregt über irgend eine Ungeschicklichkeit des Personals, wußte sie auch einen Tadel in aufmunternde vertrauenerweckende Worte zu kleiden.

Von Forte dei Marmi aus hatte der Prinz die Kunstmetropole Italiens, Florenz, aufgesucht und die Stätten wieder betreten, die er einstens an der Seite der Prinzessin durchschritten

Elvira-München.

Grainer. Die Prinzen Luitpold und Albrecht.

hatte, das stolze Siegerbewußtsein in der Brust, die holdeste Braut sich errungen zu haben. Damals lag das Leben glückverheißend vor ihm, jetzt war die Zukunft mit düsteren Schleiern bedeckt. Und das hohe Glück, das ihm das Leben geschenkt, war mit bitterem Wermut getränkt, und er hatte vom allgemeinen Menschenlos sein vollgerüttelt Maß zu tragen bekommen.

Nymphenburg   In München war die Hofhaltung des Prinzen Rupprecht inzwischen nach Nymphenburg übergesiedelt, und die Prinzessin brachte nach ihrer Rückkehr aus Italien die ersten Sommermonate hier zu.

Sie liebte das reizende Rokokoschloß über alles. In ländlicher Stille und Ruhe, obwohl das Leben der Großstadt in der Nähe pulsierte, lebte sie ganz ihrer Familie. Das große Getriebe des von der Öffentlichkeit überfluteten Schloßgartens störte sie nicht. In dem nicht allzugroßen Privatgarten, der

Grainer. Prinzessin Marie Gabrielle.

Die 3 Kinder der Prinzessin Marie Gabrielle.

ihr angewiesen war, brachte sie jeden schönen Tag mit ihren Kindern oder mit einem Buche beschäftigt zu; hier empfing sie auch die wenigen Menschen, die sie sehen wollte, und erzählte zufrieden und glücklich mit leuchtenden Augen, wie schön es da sei, und welch fröhliche Stunden ihr in Nymphenburg geschenkt seien.

Solange schönes Wetter war, fühlte sich die Prinzessin wohl. Sie war heiter, fröhlich, aufgeräumt, konnte sich herzlich freuen an den drolligen komischen Einfällen des Prinzen Albrecht, ging auf in der Sorge um ihre Kinder und in der Anteilnahme an den Interessen ihres Gatten. Aber feuchte, kalte Tage beeinflußten ihr körperliches Befinden immer schlimm, brachten ihr Fieber, und zwangen sie zur Ruhe.

Das wurde auch während des Herbstaufenthaltes in der königlichen Villa in Berchtesgaden nicht besser; auch da war sie die meiste Zeit zur Ruhe gezwungen. Aber sie ertrug alle diese körperlichen Unpäßlichkeiten mit einer staunenswerten Seelengröße, brachte nie ein Wort der Klage über ihre Lippen, erzählte ab und zu von ihrem ewigen Leiden mit lächelndem Gesichte wie von etwas ihr ganz Fremdem; und doch lastete es auf ihr wie jene Prüfungen, von denen der Apostel Paulus sagt, daß sie hindurchgehen durch das ganze Menschenwesen und schmerzen, als ob Leib und Seele auseinandergeschnitten würden.

Immer schaute sie voll froher Hoffnung in die Zukunft und erwartete von der Zeit, von ihrer Widerstandsfähigkeit, vor allem aber von der Sonne noch eine vollständige Heilung. Sie war ja selbst von jeher ein echtes Sonnenkind gewesen. Sonne, Licht und Blumen waren ihr seit früher Kindheit Lebensbedürfnisse.

Ägypten

Von der Sonne Ägyptens erwarteten sie und die Ärzte schließlich Heilung, obwohl schon damals der eine oder andere ihrer Ärzte ob der immer wiederkehrenden Fieberanfälle sehr pessimistisch in die Zukunft schaute.

Aber die ägyptische Sonne und die trockene Wüstenluft taten vielleicht doch Wunder, so hoffte man allgemein.

Die Aussicht auf den Aufenthalt in Ägypten gab der Prinzessin wieder neue Lebensfreude, wenn ihr auch die Trennung von den Kindern ungeheuer schwer fiel und bei diesem Gedanken sie, die allzeit Tapfere und Standhafte anfing ab und zu ernst in die Zukunft zu blicken.

Der Prinz begleitete sie an den Nil.

Am 1. Februar trafen die Hoheiten, Prinz und Prinzessin Rupprecht und Gräfin Bardi, Prinzessin von Bourbon zu kurzem Besuche in Kairo ein und reisten, weil es in Kairo „eisig kalt" war, bald darauf mit der Bahn nach Oberägypten weiter. Der Prinz reiste anfangs März zum 90. Geburtstage des Regenten nach München zurück und Mitte März kam die Prinzessin mit

Nillandschaft.

Gräfin Bardi nach Kairo zurück und blieb bis Mitte April. Zu der Zeit waren auch der König und die Königin der Belgier dort.

Die Prinzessin weilte also jetzt wieder im Orient, im Lande ihrer Träume und Sehnsucht. Allerdings hatte sie sich vor Jahren eine solche Wiederkehr nicht gedacht.

Aber trotz ihres leidenden Zustandes öffnete sich doch ihre empfängliche Seele den Herrlichkeiten der ägyptischen Wunderwelt.

Mit Begeisterung schrieb und erzählte sie später von dem überwältigenden Eindrucke, den Ägypten in ihr zurückgelassen hatte: die zierlichen Palmenhaine am Nil, die scharf geschnittenen Silhouetten der Gebirgswände rechts und links am Horizonte, das farbenwogende Schauspiel von Menschen aller Farben und aller Zonen in den Straßen Kairos, dem Sammelplatz aller Völker des Orients und Occidents, das seltene Architekturbild in den Straßen: neben stolzen Palästen mit Prachtportalen in reichem Stalaktitenschmuck zerfallene oder halb zerfallene Hütten, deren Trümmer liegen bleiben, bis es jemand wieder einfällt, sie zu Mauern zu verbinden, in enger winkeliger Gasse auf einmal ein zierlicher Brunnen oder ein elegantes, schlank aus der Erde herauswachsendes Minaret, und über allen Straßenzügen gefällige Linien der Kuppeln irgend einer der zahlreichen Moscheen.

Zu eingehenden Studien hatte die Prinzessin bei dem kurzen ersten Aufenthalte in Kairo wenig Zeit; die frostige Temperatur zwang sie, der Sonne entgegenzufahren und Oberägypten aufzusuchen.

Luxor   In Luxor nahm sie den ersten längeren Aufenthalt.

Tempel des Amon in Karnak.

Hier betrat sie die Stätte des alten hunderttorigen Theben, der Hauptstadt des „mittleren Reiches", jene Stadt, deren Trümmer unter allen Wundern Ägyptens das größte Wunder bilden, und deren Bauten ein Geschlecht von Riesen aufgeführt zu haben scheint.

Es gab wohl ältere und heiligere Städte im alten Ägypten als Theben, aber diese Stadt hat das Glück gehabt, die Hauptstadt des Landes zu sein in jenen Jahrhunderten, in denen Ägypten eine Weltmacht war, in denen Ägyptens Könige, die Pharaonen, erfolgreich mit den Beherrschern von Babylonien und Assyrien, der uralten Weltmacht am Euphrat und Tigris, um die Vormachtstellung in Vorderasien kämpften.

So ward Theben selbst eine Weltbeherrscherin, ein Rom des alten Orients. Und diese politische Machtstellung drückte sich auch in den Bauwerken der Stadt aus, die an Großartigkeit alles übertreffen, was die anderen Hauptstädte des Altertums und der neuen Zeit an Bauten aufzuweisen haben.

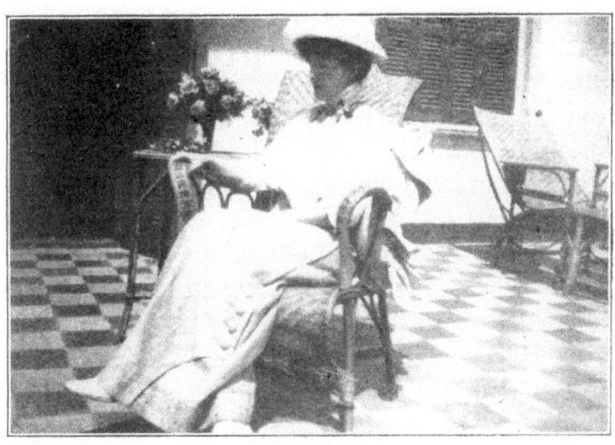

Prinzeſſin Marie Gabrielle in Luxor.

Die letzten Reſte dieſer Rieſenſtadt haben wir heute in den Tempeln von Karnak, Luxor und Medinet Habu erhalten, alles andere iſt vom Erdboden verſchwunden, das Schickſal aller alten Stätten menſchlicher Kultur — Babylon, Ninive, Rom und Athen.

Nachdem das politiſche Leben ſich einen anderen Mittelpunkt ausgeſucht, hatte die Stadt ihre Bedeutung verloren und geriet in Zerfall. Was von den leer ſtehenden Stadtteilen ſich zum Anbauen als Ackerland eignete, wurde urbar gemacht, und die wenigen zurückbleibenden Einwohner zogen ſich an jene Stellen zurück, die man für den Feldbau nicht benützen konnte, weil es keiner menſchlichen Kraft gelingen mochte, dieſe Steine zu entfernen.

Die ſtolzen Überreſte der altägyptiſchen Zeit ſtehen heute mitten im Kulturlande drinnen, und die Fruchtähren der üppigen Weizenfelder umſchmiegen ihre Sockel.

Was waren das für mächtige Eindrücke, die an dieſer uralten Kulturſtätte auf die Prinzeſſin hereinſtürmten! Wie genoß sie das alles an der Seite des Prinzen, des sachkundigen Führers!

Aber am vollen Genuß all dieser Herrlichkeiten hinderte die Prinzessin der Gedanke an ihre drei Lieblinge, die sie zuhause zurückgelassen hatte. Sie mußte sich oft zwingen, die Schönheiten zu genießen, die sich ihr auf Schritt und Tritt anboten, so sehr beschäftigte sich ihr Denken und Fühlen immer mit ihren Kindern.

„Die Tempel und Gräber hier sind sehr interessant und wunderbar schön; ich genieße jedes einzelne sehr gründlich. Auf Schritt und Tritt gibt es Schönes, Interessantes und Lustiges zu sehen, was die großen Buben beglücken würde, und im einzelnen so viel, was Luitpold begeistern würde und sehr gefallen. Aber abgesehen von allen Unmöglichkeiten wären es viel zu viele große und verschiedene Eindrücke für sein liebes, reges Köpfchen! Damit tröste ich mich; denn die Kinder fehlen mir so arg, daß ich mich oft ganz zwingen muß, etwas wirklich zu genießen, was mir, wenn die lieben Drei da wären eine große Freude sein könnte. Ich denke dann immer sehr daran, wie Albrecht lachen und Luitpold große Augen machen wird, wenn ich ihnen alles erzähle."

Isis-Tempel auf Philae.

Assuan In Assuan besuchte die Prinzessin die altägyptischen Steinbrüche, die den größten Teil des Materials geliefert hatten zu den gewaltigen Bauten des Pharaonenlandes, und den herrlichen Isis-Tempel auf der Nilinsel Philae, der seit der Aufführung des Nilstaudammes bei Assuan unfehlbar dem Untergange geweiht ist.

Das Hotel der Prinzessin in Assuan.

Großes Interesse hegte sie auch für die Volkstypen, die hier am Eingangstor Nubiens nach Ägypten zusammenkommen, die Berber der westlichen und die Bescharin-Araber aus der östlichen Wüste.

Die Wüste trat hier in Assuan zum erstenmale in ihren Gesichtskreis, und die hehre, unnahbare Majestät, die über dieser unermeßlichen Fläche thront, ergriff sie aufs tiefste. In vielen Briefen aus Assuan und später kommt sie auf diesen mächtigen Eindruck zu sprechen, den die Wüste in ihrem Gemüte hinterlassen hat.

Wüste

„In der Wüste da fühlt sich der Mensch so klein, so winzig, da versteht man so gut die Sprache der Unendlichkeit und seiner eigenen Ohnmacht".

Überwältigend wirkt auf die Menschenseele die ruhige Majestät der Natur, wenn vor den Blicken die unermeßliche Fläche sich ausdehnt, in herrlichstem Sonnenlichte gebadet, desgleichen, wenn der Zorn Gottes in ihr tobt, der Donner in ihr rollt und der Samum sie durchbraust.

Alle Seelenstimmungen finden in der Wüste ihren Widerhall, als rede die Natur hier zum Menschen wie ein lebendes, fühlendes Wesen. Nirgends mehr in der Welt findet sich der Mensch der Natur so nahe, hört so deutlich ihre Sprache, versteht so klar ihre innersten und feinsten Empfindungen und Regungen wie in der Wüste. Ein Bild hat die Prinzessin besonders ergriffen: der Sonnenuntergang in der Wüste. Die Sonne schickt sich an, Abschied zu nehmen und gießt flüssiges Gold

Prinzessin Marie Gabrielle in Heliopolis.

aus über die ganze unermeßliche Fläche, sodaß jeder Strauch, jeder armselige Busch, alles, was über die Wüstenfläche hervorragt, in eitel Gold erglänzt; am westlichen Horizont zieht eine Karawane dahin, die Kamele gehen ruhigen, gemessenen Schrittes, und ihre Konturen zeichnen sich mit wunderbarer Klarheit vom Abendhimmel ab. Und diese Farben am Abendhimmel! Alle Minuten ein anderes Bild; vom hellsten Rot bis zum tiefsten Blau wechseln nacheinander die Töne, wie auf einer Farbenskala die scharf und unvermittelt nebeneinander gereihten Grundfarben.

"Die Wüste" schreibt sie, "ist sogar schöner wie das Meer".

Von Assuan ging es wieder nach Kairo zurück, und hier traf sie Mitte März ein und fand den König und die Königin der Belgier bereits anwesend.

Prinz Rupprecht war schon anfangs März nach München zurückgekehrt, und die Prinzessin empfand die völlige Trennung von ihren Lieben ungemein schwer. Sie lag tagelang teilnahmslos, nur in ihre Erinnerungen versunken, die großen braunen

Prinzessin Marie Gabrielle in Kairo.

Augen in die Ferne, die Unendlichkeit gerichtet, auf dem Balkon in der Sonne. Die Sehnsucht nachhause verzehrte sie.

Ihrer geliebten Schwester Elisabeth, der Königin der Belgier, gelang es, sie aus ihrer Apathie herauszureißen und sie für das Leben zu interessieren.

Und das Leben flutet ja in Kairo, dem Sammelplatz aller Völker des Orients und Occidents, so interessant wie in keiner anderen Stadt der Welt mehr.

Was da für ein Menschenstrom an dem Beobachter in den Straßen vorbeiflutet: Bleichsüchtige Deutsche und Engländer, denen nur die ungewohnte Sonnenglut die Wangen rot angeflogen hat, kohlschwarze Neger, mit Vorliebe weiß gekleidet, bronzierte Beduinen, mit weiter, gestreifter Abaije und strickumwundenem Turban, Eunuchen in schwarzem, europäischem Rock und dem schlappen Gang, gelbsüchtige Araber in weißem, grünem, gelbem Kleid, koptische Fellachen mit scharf ausgeprägtem altägyptischem Gesicht.

Mitten im Getriebe eine Standesperson, hoch zu Esel, auf goldgesticktem Sattel, umwallt von schwarzseidenem Mantel, oder es rasselt eine vorzüglich bespannte Karosse vorüber mit irgend einer einheimischen oder fremden Exzellenz, bunt aber geschmackvoll kostümierte Vorläufer, Sais, voraus, mit ihren Stäben auf die sich dicht stauende Menge einhauend und sie zum Ausweichen mahnend, während der Kutscher von oben herab mit Aufbietung aller Lungenkraft Warnungen zur Vorsicht erschallen läßt. Dazwischen schieben sich watschelnden Ganges Frauen durch, ganz eingehüllt in ein schwarzes Tuch, das sie ängstlich zusammenhalten; von den Gesichtern ist nichts zu sehen, als ein Paar aufblitzender Augensterne; von der Stirne zur Nase herab tragen viele — es sind die verheirateten Frauen — eine aufrechtstehende hohle Messingröhre, das Amulett gegen den bösen Blick; von den Augen bis zum Saum des Kleides hängt ein grober Tuchstreifen herab, der die ganze untere Gesichtshälfte zudeckt. Derwische ziehen vorüber mit struppigem Haar und hohen Filzmützen, griechische Popen in schwarzem Talare und katholische Mönche und Nonnen in allen Nuancen von Farben und Formen ihrer Trachten. Verkäuferinnen von Orangen und allerhand Leckereien kommen vorbei, am Arme den Korb und auf der Achsel rittlings einen, manchmal zwei kleine Racker tragend.

Dieses flutende, treibende Leben interessierte die Prinzessin überaus, aber alles beobachtete sie mit den Augen ihrer Kinder. „Ach, wenn das Luitpold sehen könnte, wie würden seine

Augen leuchten", „Oh, wie würde Albrecht lachen", „Was würde Albrecht da komisches sagen", sie war eben immer im Geiste bei den Ihrigen.

Die schönsten Stunden bereiteten ihr die Briefe aus der Heimat. Luitpold führte Tagebuch über alles Wichtige in seinem

Prinz Luitpold.

und seines Bruders kleinem Leben; diese Blätter schickte er der fernen Mutter allwöchentlich zu. Sie hielten die Prinzessin in ständiger geistiger Verbindung mit ihrer kleinen Welt, und diese Zeilen von ungeübter Kinderhand dünkten ihr kostbarer und wertvoller als die wunderbarsten kalligraphischen Kunstwerke in der Koransammlung der arabischen Bibliothek.

Sie nahm auch in der Ferne teil an den kleinen und großen Interessen ihrer kleinen Lieblinge.

Luitpold war zum 12. März als Leutnant in die Armee eingestellt worden und die Prinzessin schrieb ihrem kleinen Offizier einen Brief zu diesem ersten großen Ereignis in seinem Leben, einen Brief so voll von Mutterstolz, Mutterglück und Mutterpflichten, daß es kein schöneres Dokument für ihre hohe christliche Lebens- und Berufsauffassung geben kann.

Was die verschiedenfarbigen und verschiedengestalteten einzelnen Bilder des Straßenlebens in Kairo zu einem einheitlichen bunten, fröhlichen Gesamtbild vereint, das ist die Sonne des Orients, die volle Ströme ungebrochenen durch keine Wolken und Dünste gedämpften Lichtes vom wolkenlosen, ewig blauen Himmel herabgießt, und die es fertig bringt, die größten Gegensätze in einem Stadtbilde, Paläste und Holzbaracken, Moscheen und Schmutzhütten, Ruinen und Kloakenstraßen, Reichtum und Pracht und hungerndes Elend zu einem bezaubernden Gesamtbilde zu vereinigen.

Unter dieser Sonne schleicht sich einem von selbst eine sanfte Freude ins Herz, die das ganze Wesen froh und leicht macht.

Der erste Aufenthalt der Prinzessin in Kairo war ein so flüchtiger gewesen, daß sie eigentlich erst jetzt den eigenartigen Zauber der ägyptischen Hauptstadt kennen lernte.

Ein Wermutstropfen verbitterte ihr allerdings die reine Freude an den Schönheiten Kairos und seinem interessanten Leben und Treiben, das Elend der Araberfrauen und die armen, schmutzigen, augenkranken Kinder, ein Anblick, der ihr gutes Herz mit warmem Mitleid erfüllte. „Könnte man denn nicht mehr für diese Kinder tun, wäre es nicht möglich, diese entsetzliche Augenkrankheit zu bekämpfen?"

Dem weltberühmten ägyptologischen Museum machte sie mit der Königin der Belgier wiederholt Besuch; der Eindruck

Grainer   Prinzessin Marie Gabrielle mit Kindern.

nach dem ersten Besuche war, wie sie später oft erzählte, ein überwältigender. Sie hatte alles gesehen, Rom und Athen, kannte die altklassische, die mittelalterliche und die Renaissancekunst, aber diese Kunst hier spricht solch eine überwältigende, solch eigenartige Sprache, daß man alles andere darüber vergißt.

Pyramiden bei Gizeh.

Aus dem ägyptischen Museum heraus holte sich die Prinzessin ein großes Interesse für das altägyptische Volk und seine Geschichte. Sie bedauerte es später gar sehr, für diesen Aufenthalt in Ägypten sich ihres ewigen Krankseins wegen nicht so vorbereitet zu haben, wie sie gemeinsam mit dem Prinzen für ihre früheren Reisen die wissenschaftlichen Vorbereitungen getroffen hatte. Der Genuß, meinte sie, an den gewaltigen Monumenten der ägyptischen Kultur- und Kunstgeschichte wäre ein noch viel intensiverer gewesen.

Unterstützt wurde die Prinzessin in ihrer Begeisterung für Ägypten von ihrer Schwester, der Königin der Belgier.

Gemeinsam besuchten sie die in der Nähe Kairos gelegenen welthistorischen Monumente, die großen Pyramiden bei Gizeh, drüben über dem Nil am Rand der lybischen Wüste gelegen, diese uralten, an Größe nie mehr erreichten Werke menschlicher Kunst.

Sphinx bei Gizeh.

Sie standen zu Füßen der riesenhaften Sphinx, des schönsten Symbols der großen Geheim=

nisse der Wüste, hingelagert als Wächterin des Zugangs zu ihr.

Heliopolis Die Prinzessin brachte geraume Zeit in Matarije zu, in der Nähe der uralten ägyptischen Kulturstadt Heliopolis, der Sonnenstadt mit dem berühmten Sonnentempel; das einzige, was noch an diese Stadt erinnert, ist der berühmte Obelisk, der so viele Besucher anlockt.

In der Nähe steht die mächtige Sykomore, unter deren Schatten Maria mit dem göttlichen Kinde auf der Flucht nach Ägypten geruht haben soll.

Gerade an dieser Stätte mag sie recht lebhaft an ihre Kinder gedacht haben, denn in einem Briefe von hier aus heißt es:

„Jetzt endlich will es Frühling werden, insoferne ich meine süßen Maikäferln wiedersehe."

Auch das geologisch=paläontologische Wundergebilde des versteinerten Waldes besuchten sie, jenes weitausgedehnte Feld am Mokattam=Gebirge, das mit Trümmern und Baumstämmen versteinerten Holzes wie übersät ist. Einzelne Stämme sind 20 bis 30 m lang bei 1 m Dicke am unteren Ende. Sie schauen meistens aus wie poliert, glänzend braun und schwarz und schließen oft Calcedon ein.

Memphis Sie ritten über das Trümmerfeld der einstigen Riesenstadt Memphis; aber von der ehemaligen Pharaonenhauptstadt ist heute nichts mehr zu sehen; das Stadtgebiet ist in Saatengefilde und Palmenhaine verwandelt; nur den, der schon von Memphis weiß, gemahnen hügelige Erhöhungen, Steinhaufen, Trümmer von Architekturresten an das glorreiche Einst. Die Ruinen der Stadt wurden nilabwärts geschafft und erstanden dort unten wieder als Kairo.

Memphis, die Stadt der Lebendigen, ist tot. Aber seine Totenstadt lebt noch. Sie liegt etwas höher auf einem vorgeschobenen Ausläufer des lybischen Gebirges. Millionen von Leichen wurden diesem Boden anvertraut und sind in ihm zu

Staub geworden; erhalten sind nur mehr die Grabbauten der Mächtigen, die Mastabas, allerdings durch die unermüdliche Nivellierungsarbeit der Wüstenwinde tief mit Sand zugedeckt; auch die Königsgräber von Memphis, die Pyramiden von Sakkara schauen noch allenthalben erhobenen Hauptes empor.

Die Stadt Kairo selbst gab der Prinzessin bequeme Gelegenheit zu Architekturstudien; sie lernte die arabische Baukunst kennen in ihren Monumentalwerken, ihren Moscheen und Mausoleen, Prachtbauten von wunderbarer Harmonie der Linien und einem geradezu berückenden Glanz des Innenschmuckes.

Moscheen

Für die Moscheenbauten hatte sie das größte Interesse an den Tag gelegt und sie wünschte immer eine fachmännische Erklärung zur Stelle zu haben.

Häufiger unternommene kleinere Ausflüge brachten die Prinzessin öfters nach Heluan, zur Straußenzucht des Khedive, in die Gärten des Khedive, zur Nilinsel Gezireh oder auf das Plateau der lybischen Wüste bei den Pyramiden ins Mena-House.

Nie konnte sie sich satt sehen an den Farben und satten Lichtern des Orients.

Wenn sich die Sonne im Westen über die Wüste senkte und den ganzen westlichen Horizont mit den gewaltigen Pyramiden im Vordergrund in ein Farbenmeer tauchte, daß jeder Augenblick eine andere Tönung annahm, Farben, die hart, unausgeglichen, ohne die zart nuancierten Übergänge unserer Zone, einander abwechseln wie die nebeneinander gesetzten Probelinien der Grundfarben, so war das ein Schauspiel, das auf ihr empfängliches, romantisch veranlagtes Gemüt einen unvergeßlichen Eindruck machte.

Dieser romantische Zug verleitete sie auch das eine und andere Mal zu etwas gewagteren Unternehmungen, zu nächtlichen Bootsfahrten auf dem Nil beim weichen gespensterhaften Mondlichte.

Allerdings ist das ein Naturgenuß, wie ihn nur der Orient bieten kann. Sich wiegen lassen auf dem ruhig gleitenden Strom, über sich den Sternenhimmel, der leuchtet wie sonst nirgends auf der Welt; an den Ufern des Flußes wiegen schlanke Palmen ihre Fächer sanft im Nachtwind; aus der Landschaft heraus erschallt ab und zu das Kläffen eines aus dem Schlafe aufgestörten Hundes oder das Winseln eines Schakals.

Wir verstehen es, daß all dies Neue, Ungewohnte, das sich ihr hier bot, in der Prinzessin den Gedanken an ihr körperliches Leiden manchmal zurückdrängte, ja sie an manchen Tagen

Nillandschaft.

vergessen ließ, daß sie in absoluter Ruhe unter dem Einfluß der ägyptischen Sonne sich Heilung suchen wolle.

Trotzdem ihr körperlicher Zustand keineswegs den Hoffnungen und Erwartungen entsprach, war sie in dieser Luft heiter und fröhlich, ja manchmal wieder zu Schelmereien und Neckereien aufgelegt; namentlich, als das deutsche Kronprinzenpaar in Kairo eintraf und bei heiterem, launigem Beisammensitzen Erinnerungen aus der Jugend und Erlebnisse auf den verschiedenen Reisen ausgetauscht wurden, war die Stimmung der Prinzessin so frei, so heiter und fröhlich, daß niemand es hätte glauben wollen, eine Kranke, eigentlich eine Schwerkranke vor sich zu sehen.

So schön auch Ägypten war, so viel Interesse sie dem bunten Leben und Treiben in den Straßen Kairos entgegenbrachte, die größte Freude empfand sie, als der Tag der Heimreise herankam, der Augenblick immer näherrückte, daß sie die Ihrigen wiedersehen sollte.

Was sie gehofft hatte, die volle Heilung, hatte ihr der Aufenthalt in Ägypten allerdings nicht gebracht. Die Witterung war leider gerade in diesem Jahre in Ägypten nicht sehr günstig gewesen, und mit Ausnahme der Tage ihres Aufenthaltes in Oberägypten hatte sie den vollen Sonnenschein, auf den sie gehofft hatte, nicht gefunden. Dennoch war ihr Aussehen besser, als sie im Spätfrühling, vom Prinzen Rupprecht in Venedig abgeholt, in Etappen heimkehrte.

Heimkehr

Ursprünglich war geplant gewesen, daß sie sich einige Tage in Venedig aufhalten solle, ehe sie in unser noch etwas winterliches Klima zurückkehrte. Aber die Sehnsucht nach den Kindern litt sie nicht mehr in der Fremde. Als Prinz Rupprecht den Zug betreten hatte, stieg sie schnell entschlossen zu ihm ins Coupé und war durch nichts zu bewegen, allein in Venedig zurückzubleiben. Mit solcher Gewalt zog sie die Sehnsucht zu den Kindern.

Selig war sie endlich, in Nymphenburg mit ihren Lieben wieder vereint zu sein.

Bei den Kindern

Je länger die Prinzessin die Kinder entbehrt hatte, um so mehr widmete sie sich ihnen jetzt.

In dem kleinen Garten in Nymphenburg, wo sie den ganzen Tag über weilte, hatte sie die Kinder um sich geschart und erzählte ihnen, die mit weit geöffneten Augen der schönen Mutter zuhörten, von den Wundern Ägyptens. Kam Prinz Rupprecht vom Dienste nachhause, so war sein erster Gang in den Garten zu den Seinen und verklärte Freude überzog sein Antlitz, wenn sein Blick die schöne Gruppe seiner Lieben umfing.

Die schöne Mutter im Kreise ihrer Kinder war ein solch herrliches Bild, daß man es nicht sehen konnte, ohne den Maler oder den Bildhauer herbeizuwünschen, um es festzuhalten.

Ihr Verhältnis zu den Kindern war bei aller Liebe und Zärtlichkeit frei von jeder Sentimentalität. Die Entwicklung der Kinder, ihre Erziehung und ihr Unterricht, die kleinsten Äußerungen ihrer Psyche, war ihr der Gegenstand des immerwährenden Nachdenkens.

Das Leben mit den Kindern und in den Kindern war der Hauptinhalt ihres kurzen und doch so reichen Lebens. Kein Spaziergang, kein Ausflug ohne die Kinder konnte ihr wirklichen Genuß bieten. Wir wissen das von ihrem ägyptischen Aufenhalte her. Immer und immer wieder sagte sie dann: „Zu schade, daß die Kinder nicht da sind".

Mit ihrem ältesten Sohne Luitpold, dessen Erziehung ihr besonders am Herzen lag und dessen zartes Wesen sie mit besonderer Innigkeit pflegte, sprach sie viel und ernst von seinen Pflichten. Es war ihr oft ausgesprochener Wunsch, daß er Pflichttreue, Selbstlosigkeit und Ritterlichkeit erlerne und daß er die Menschen schätzen lerne nicht nach Einfluß und Stellung, sondern „nach ihrer eigenen vornehmen Persönlichkeit".

Herrlich ist das Wort, das sie ihm einmal sagte, als er fragte, was Prinzen seien: „Prinzen sind Menschen, die dazu da sind um anderen zu helfen."

Und darin fühlte sie sich völlig eins mit ihrem Gatten. Alles, was die Kinder anging, wurde von beiden Eltern zusammen mit gleicher Sorgfalt erledigt.

Daß der Prinz seinen Kindern eine so große Liebe und Geduld entgegenbrachte, daß er Verständnis hatte für die kleinsten

Grainer. Prinzessin Marie Gabrielle mit Prinz Luitpold.

Prinzessin Marie Gabrielle und Prinz Albrecht.

Fragen im Leben der Kinder, das erfüllte sie mit Freude und Stolz.

Sie blickte ja ohnehin mit großer Bewunderung zu ihrem Gatten auf. Sein treffliches Urteil, sein unbeeinflußbares Gerechtigkeitsgefühl bestimmte auch ihre Anschauungen in allen

Elvira-München.   Prinzeſſin Marie Gabrielle.

Fragen. Was der kleine Luitpold ſagte: „Man frägt den Papa, der weiß Alles," war das Echo der Überzeugung ſeiner Mutter, die das umfaſſende Wiſſen des Prinzen voll würdigte. „So hat Rupprecht gemeint," entſchied ihr Urteil.

Alle Epiſoden aus dem Leben ihrer Kinder, all ihre Aus= ſprüche, namentlich die witzigen Bemerkungen des zweiten Sohnes

Grainer — Prinz und Prinzessin Rupprecht.

Albrecht erzählte sie mit Vorliebe, und alle Bilder, die von den Kindern gemacht wurden, sammelte sie in Albums, den Kindern selbst zur Erinnerung an ihre Jugendzeit.

Wie sie selbst in Schönheit lebte, wollte sie die Kinder mit Schönheit umgeben und recht früh schon ihren Sinn für das Schöne wecken. Und es bereitete ihr eine besonders große Freude, daß namentlich der kleine Albrecht schon in sehr frühen Jahren für die Naturschönheiten empfänglich war. „Mit ihm kann man eine Blume, ein Tier wirklich beobachten und genießen, er freut sich schon über die Berge oder über eine schöne Beleuchtung."

Auch fremde Kinder hatten sofort Vertrauen zu der Prinzessin.

Ein recht schwieriges kleines Mädchen, das seinen Eltern viel Kopfzerbrechen bereitete, meinte, als es zum ersten Male eingeladen war, um mit den kleinen Prinzen zu spielen: „Die Prinzessin ist so gut wie die Elfenkönigin, bei ihr kann ich gar nicht ungezogen sein."

Je mehr Kinder sie um sich hatte, desto lieber war es ihr. „Wenn nur recht viele Kinder da sind, die machen nie müde, die tun immer gut," äußerte sie oft.

Die Prinzessin hatte eben eine eigene Gabe, mit Kindern umzugehen, sie verband Gemütstiefe mit herzigem, schalkhaftem Humor; deshalb konnte sie so köstlich mit Kindern scherzen und fesselte sie wie in einem Banne.

Die glückliche Mutter bewahrte trotz aller über sie ergangenen Leiden noch immer ihre Schönheit. Wie eine leuchtende Aureole lag ihre Haarpracht um ihr feines Haupt, ihr Ausdruck trug den Zauber vollkommener seelischer Harmonie.

Der Kreis ihrer Intimen war nicht groß; denn vor allem lag ihr die Pflege des Familienlebens am Herzen, und um sich die Stunden des gemütlichen Zusammenseins mit dem Gatten und den Kindern nicht verkürzen zu lassen, setzte sie alles andere hintan. In der Häuslichkeit suchte sie ihr Glück und fand es auch darin, eine Mutter und Gattin in idealstem Sinn.

Ihr näher zu treten, sie in ihrer ganzen Holdseligkeit und Anmut kennen zu lernen, war Wohltat und Freude. Denn in der Erinnerung an ihre lichte, edle Erscheinung war man lange noch in gehobener Stimmung. Sie war nicht nur ein guter, sondern auch ein großer Mensch. Nicht eng in Ansichten und Urteil, nahm sie sich in gerechtem Eifer der Verfolgten an und wirkte versöhnend. Immer war sie auf Aufmerksamkeiten bedacht und erriet es mit wunderbarem Feinsinn, womit sie jemand eine Freude machen konnte. Einer Bitte gegenüber konnte sie, so schwer ihr auch manchmal deren Erfüllung wurde, nicht ernstlich Nein sagen.

Ihr gutes Herz zeigte sich namentlich den Kranken gegenüber; zu jedem Krankenbesuch brachte sie Blumen mit. Die erhellten ihr das Krankenzimmer und sollten auch in das Leben anderer Freude tragen.

Hilfsbereit war sie, wo sie nur konnte.

Das menschliche Elend in all seinen Erscheinungsformen erfüllte sie mit tiefstem Mitleid, und immer war ihr erster Gedanke, wie könnte man hier helfen.

Wo es galt, Leid und Not zu lindern und Trost zu spenden, war sie immer dabei und scheute keine Opfer.

Die Münchener charitativen Vereine wissen, welch edle Gönnerin für ihre Bestrebungen sie an der Prinzessin hatten. Alle sozialen Bemühungen zur Milderung des Elendes: Brockenhaus, Wöchnerinnenpflege, Säuglingspflege, Fürsorge für weibliche Strafgefangene, kurz die ganze soziale Frage, soweit sie die zarte Hand der Frau zur Lösung sucht, fand bei ihr volles Verständnis und werktätige Förderung.

Prinzessin Marie Gabrielle mit den Prinzen Luitpold und Albrecht.

Berchtesgaden Nach einem kurzen Besuch auf dem Lichtenstein, dem Sommeraufenthalt ihrer Stiefschwester, der Herzogin von Urach, siedelte die Prinzessin für den Sommer und Herbst dieses Jahres nach Berchtesgaden über.

Die Besserung in ihrem körperlichen Befinden, die nach der Rückkehr aus Ägypten bemerkbar war, hielt nicht an; immer wieder lösten sich einige gute hoffnungsfrohe Tage mit der doppelten Zahl der von Fieber und Müdigkeit beherrschten ab. Die Prinzessin mußte die meiste Zeit liegen oder sich wenigstens zur Ruhe zwingen.

Sicher hat das „ewige Elendsein", wie sie ihre Krankheit gerne scherzend nannte, ihr schwere seelische Kämpfe gekostet,

Prinz Albrecht.

aber niemals ließ sie ihre Umgebung merken, wie sehr sie unter diesem ewigen Drucke litt. Auch in den schlimmsten Tagen ihrer Krankheit durften die Kinder um sie sein, die fielen ihr nie lästig.

Der folgende Winter in München war für sie günstiger als mancher seiner Vorgänger. Sie war zwar nicht fieberfrei, aber die Anfälle kamen nicht so häufig und zeigten auch keinen so heftigen Charakter als früher, sodaß man im Stillen schon zu hoffen wagte auf vollständige baldige Wiederherstellung.

Aber kaum, daß der Himmel sich über ihr aufgehellt hatte, zogen schon wieder drohende Unheilswolken heran.

Prinz Rudolph, der Jüngste, der früher so kräftig schien, war ein blasses, müdes Kind geworden und welkte trotz aller Sorgfalt und Pflege dahin. Man hatte bei dem Kleinen Zuckerkrankheit festgestellt.

Noch ehe sich sein Geschick erfüllen sollte, verlor die Prinzessin am 26. Mai 1912 ihre Stiefschwester Herzogin Amélie von Urach schnell und unerwartet. Das Verhältnis zu ihr war ein sehr herzliches gewesen, und der Todesfall ging ihr persönlich sehr nahe.

Prinz Rudolph.

Tod des Prinzen Rudolph

Kurz darauf erlosch ihr jüngster Liebling, der kleine Rudolph.

Sein Tod ergriff sie auf's tiefste. Äußerlich merkte man ihr ja nicht viel an. Sie hatte sich mit Aufbietung einer geradezu übermenschlichen Anstrengung in der Gewalt: „Ich muß mich zusammennehmen wegen Rupprecht" meinte sie, aber verwinden konnte sie diesen Schicksalsschlag nicht.

„Ich wollte Ihnen so recht schildern, was mir gerade dieses Kind gewesen ist, und wie innig unser Verhältnis zu einander

Prinz Rudolph.

war. Und jetzt sind gerade wir zwei getrennt worden. — —

Der kleine Rudolph war wohl der zärtlichste von allen dreien. Er hatte etwas so zartes, feines im Wesen, — — das mir oft bange machte, wie er das rauhe Leben ertragen würde. Obwohl er sehr heiter sein konnte, war der Grundton seines Wesens still und sehr sanft, oft guckte er so traurig in die Welt, daß mir ganz weh ums Herz wurde. —

Es ist so merkwürdig, ich hatte so oft das Gefühl, dieser Kleine ist vom Himmel gekommen, um uns zu erinnern, wieder mehr „nach oben" zu blicken. Vom Tage ab, wo ich dieses so sorgenvoll erwartete Kleinod hatte, überkam mich oft in seiner Nähe ein Gefühl der Weihe — ich weiß selbst nicht, wie das war. — Die lange Trennung, damals in Ägypten, fiel mir unsagbar schwer! Als der Kleine im Dezember dann erkrankte, waren es so harte

Wochen für mich. Aber, nichtwahr, Sie verstehen? Ich hoffte immer das Beste und vertraute es Gott an! — — Im Februar dann sagten alle Aerzte: Jetzt glauben wir selber, es wird wieder ganz gut. — Ostern in Berchtesgaden war er ja so vergnügt und wohl. — Seit 3 Wochen fing er an, müde zu sein und der Appetit ließ langsam nach. Aber der Arzt und wir alle hofften auf Luftwechsel und meinten, es sei mal wieder eine kleinere oder größere Steigerung des Zuckerprozentes, und bald wieder mit Diät gehoben. . . .

Am Sonntag vor dem traurigen Mittwoch sagte der Arzt jemand Bekanntem: Momentane Gefahr ist nicht, aber wenn der Zuckergehalt oft so steigt, schwächt es den im Wachsen begriffenen Körper doch so sehr, daß, wenn der Kleine einmal 10 Jahre alt wird, es sehr fraglich ist, ob man ihn großziehen kann. Alle dachten, 5 bis 6 Jahre wäre es bei dieser Pflege und Sorgfalt gewiß noch möglich, ihn soweit gesund zu erhalten. Dann kämen natürlich kritische Jahre. Und nun mußte er so früh fort! Und doch — es hat mich unsagbar traurig gemacht, aber gar nicht bitter. Dieses personifizierte „kleine Glück" hat mir so großes Glück bereitet die 3 sonnigen Jahre, die wir es haben durften, daß ich mit großer Dankbarkeit daran zurückdenke. Jetzt ist es vorausgegangen und darf gewiß schützend über uns wachen. Nur fehlen mir seine tiefen reinen Augen mit dem treuen Blick und sein liebes zartes Stimmchen so furchtbar in diesem Leben! Und doch noch einmal: Gottlob! daß er dies weiche zarte Geschöpfchen verschont hat vor des Lebens Härte und Schlechtigkeit und so blütenrein und ohne Schuld zu sich genommen hat.

Sein Andenken ist nur sonnig, liebevoll und sanft. — Auch wie er uns verlassen hat, war so ganz seinem Wesen

Prinz Rudolph.

eigen. Er wurde nur immer müder und stiller und schlief einfach sanft ein — ohne Schmerz, ohne daß wir es fast merkten. Seine Händchen lagen in den meinen — und auf einmal war seine kleine Seele fortgeflogen. — Sein Gesichtchen hatte ein feines glückliches Lächeln. Nur um den Mund blieb der leichte Zug von Wehmut, den er immer, schon in der Wiege, hatte."

Die Prinzessin hatte für den kleinen Liebling sich ein eigenes Plätzchen in ihrem guten Herzen reserviert, dort weilte sie still und ruhig in liebender zärtlicher Erinnerung mit ihm allein. „Wenn ich bete, dann ist es mir, als ob der kleine Engel über mir schwebe". Nur ungerne redete sie über ihn und nur mit denen, die ihn geliebt hatten; sonst war es ihr eine Qual, davon reden zu müssen. In rührender

Liebe sammelte sie alles, was zu der kleinen Welt ihres Lieblings gehört hatte, seine Spielsachen, seine Kleiderchen; selbst die kleinen Lieder, die der Kleine mit wunderbarem Gedächtnis ganz richtig vortragen konnte, oder Melodien, die er im Spiel vor sich hinsummte, ließ sie sammeln — das alles sollte eine eigene Welt sein, in der sie allein zuhause sein wollte. Die Ihrigen, vor allem die beiden großen Kinder, sollten unter ihrer eigenen Trauer nicht leiden; das Leben sollte ihnen noch keine Schatten werfen.

Aus allen Briefen, in denen sie den Tod des kleinen Rudolph erwähnt, spricht eine ruhige Ergebenheit und eine weihevolle Stimmung heraus. Nur wer losgelöst von den Alltagserscheinungen des Lebens von hoher Warte herab Leid und Freud des Menschenschicksals beurteilt, kann in den Härten des Lebens sich die Ruhe und den Gleichmut wahren, den diese Sätze atmen:

„Mir ist und war gleich damals schon so klar, daß der kleine Rudolph wie ein kleiner Engel in unser Leben getreten war, von Gott geschickt, um uns wieder an den Himmel zu erinnern. Dieser Gedanke war mir so tröstend und hat wirklich etwas Wunderschönes in sich. — Ich hatte mich so innig an den Kleinen attachiert, sodaß er mir unsagbar abgeht und doch gönne ich ihm sein Glück und seine ganze Seligkeit von ganzem Herzen . . . . Bete doch, daß es für das geliebte Kind und uns zum Segen werde".

„Ich kann es gar nicht sagen, wie mir das herzige Kind täglich und stündlich abgeht. Der Kleine war anders wie seine Brüder, viel stiller, zarter und zutunlicher. Wir beide hingen in einer ganz besonderen Art an ihm. Ob man wohl unbewußt vorahnt, daß ein Kind nur kürzer in diesem Leben bei uns bleiben kann? Bei aller Freude an dem besonders aufgeweckten Kinde und seiner herzigen lieben Art, hatte ich immer ein leises unbestimmtes Bangen, lange vor er krank wurde . . . Die Erinnerung an dieses süße, sonnige Kind ist eine wunderschöne — aber der Abschied doppelt schwer!"

Kurz vor ihrer Übersiedelung nach Berchtesgaden bat sie eine ihr befreundete Dame, mit ihr in die Gruft der Theatiner= kirche hinabzusteigen, und da stand sie vor den drei kleinen Särgen ihrer Kinder in stillem klaglosen Gebet.

In den letzten Tagen ihres Aufenthaltes in Nymphenburg ließ sie sich noch ihre Lieblingslieder vorsingen.

„Mein armes Herz das frägt sich still,
Was ihm der Herbst noch nehmen will."

Das war das letzte Lied dieses Tages, das Lied, unter dessen Klängen sie nach Berchtesgaden reiste.

Sommer 1912   Wohl war ihr Aussehen nicht gut; sie zwang sich ja mit übermenschlicher Willenskraft zum Leben; und dann machte ihr der Besuch der Königin Elisabeth von Belgien mit ihren Kindern so große Freude, daß sie sich selbst und ihre Teuern über ihren Zustand täuschte. Leuten, die sie gut kannten, fiel allerdings ihre zunehmende Abmagerung auf: „Unsere hohe Frau erträgt das Schwere mit bewunderungswürdigem Mute, nur wird sie gar so mager", heißt es in einem Briefe aus Berchtesgaden aus der Umgebung der Prinzessin. Doch dachte niemand an eine unmittelbar bevorstehende Gefahr; das lange Kranksein hatte eben an solche Gesundheitsschwankungen schon gewöhnt und sie selbst hatte es nie gekannt, über ihr eigenes Leiden zu klagen.

Und doch war ihr der Todesengel in Berchtesgaden schon nahe; denn die furchtbare Müdigkeit, die sie den ganzen Sommer über befallen hatte — das einzige Wort, das sie über ihr Leiden verriet — war der Vorbote der schrecklichen Krankheit, die in kurzer Zeit schon ihr junges Leben forderte.

Letzte Aufnahme Ihrer Kgl. Hoheit in Berchtesgaden, einige Wochen vor ihrem Tode.

Prinz und Prinzessin Rupprecht mit Kindern (Berchtesgaden, Sommer 1912).

Doch an dieses Schreckliche dachte niemand, sie selbst am allerwenigsten. Sie wollte leben und zwar leben für die Ihrigen.

Den Winter über wollte sie in der Sonne Süditaliens die endgültige Heilung ihres hartnäckigen Leidens suchen. Reisepläne wurden gemacht — da wurde die Prinzessin urplötzlich nach München berufen ans Sterbebett ihres Bruders, des Herzogs Franz Joseph.

Die Prinzessin hatte keine Ahnung gehabt von der Erkrankung des jugendlichen Herzogs, und als sie am 22. September im Laufe des Nachmittags im Palais Karl Theodor eintraf, fand sie einen Sterbenden vor. In der Blüte des Lebens war er vom Todeshauche berührt worden; und am 23. September früh $8^{1}/_{2}$ Uhr ist er einer heimtückischen Krankheit erlegen.

Das war ein Schlag für die Prinzessin, der das bischen Lebenskraft in ihr noch völlig vernichtete; zu viel war in diesem Jahre auf sie gefallen, sie mußte darunter zusammenbrechen trotz ihrer großen Willenskraft.

Ganz entgeistigt, die großen schönen Augen wie in einen leeren Raum gerichtet, nahm sie an allem teil, was die Totenfeierlichkeiten in München erheischten; zur Beisetzung in der Herzogsgruft in Tegernsee konnte sie nicht erscheinen, so schwer es ihr auch werden mochte, ihrem geliebten Bruder diese letzte Ehre nicht mehr erweisen zu können.

„Der Tod unseres lieben Franz Joseph ist uns allen furchtbar nahe gegangen. Er starb so tapfer und so voll Ergebung. Nie hätten wir geahnt, daß dieser lebenslustige junge Mensch so viel Mut zum Sterben und zur Gottergebenheit in sich hat. Alle, die um ihn waren, auch die Aerzte, waren ganz erbaut von diesem Sterben. Es war eine so große Gnade Gottes, und für uns ein unsagbarer Trost in dem großen Kummer!"

Jetzt drängte es sie nach Italien. Nur fort aus der Atmosphäre, die sie immer und immer wieder an so viel Menschenleid erinnerte.

Doch mußte einer Erkrankung der beiden Kinder wegen die Abreise verschoben werden. Erst in der ersten Hälfte des Oktober konnte der Reiseplan ausgeführt werden.

Sorrent in der Nähe von Neapel ward als Aufenthaltsort gewählt. Dort sollte die Prinzessin mit der Prinzessin Friedrich von Hohenzollern bis zu Anfang November verweilen; Prinz Rupprecht wollte sie dorthin begleiten, seinen militärischen Urlaub dort zubringen und nach seiner Abreise sollte Hofrat Dr. Mayer, Hofarzt des Fürsten von Thurn und Taxis, bei der Prinzessin weilen; anfangs November wollten Prinzessin Rupprecht und Prinzessin Friedrich von Hohenzollern in Etappen von Süditalien in die Heimat zurückkehren und unterwegs einzelne norditalienische Städte aufsuchen. So war der Plan.

Die Prinzessin konnte den Tag der Abreise kaum erwarten; sie drängte zur Abfahrt, als ob von dem heiteren Himmel und der Sonne Italiens ihr Leben abhing.

Sorrent.

Beim Auspacken in Sorrent vermißte die Prinzessin ihr Sterbekreuz; seit Jahren hatte sie es überall hin mitgenommen und jede Nacht in ihre Nähe gelegt. Sie hatte sich also seit langer Zeit mit dem Gedanken an einen plötzlichen Tod vertraut gemacht, wenn sie auch niemals ein Wort von solch' düsteren Ahnungen über ihre Lippen brachte.

Sie konnte sich über das Fehlen des Sterbekreuzes erst beruhigen, als ein neues beschafft war.

Von der allgemeinen schweren Müdigkeit abgesehen, fühlte sich die Prinzessin in Sorrent ganz wohl. Sie wollte sich nicht zur Ruhe zwingen; die paar Tage, die der Prinz bei ihr weilen konnte, wollte sie immer um ihn sein, wollte mit ihm alle Sehenswürdigkeiten der schönen Umgebung genießen; sie konnte es nicht ertragen, zu Hause zu liegen und sich zu pflegen.

Am 19. Oktober kehrte der Prinz von Italien zurück ohne irgend einen Gedanken der Besorgnis wegen der Gesundheit der Prinzessin. Ihr Lebenswille und ihre Lebensfrische hatten sich im Gegenteil während des 14tägigen Aufenthaltes in Sorrent gesteigert, sodaß Grund gegeben war, hoffnungsvoll in die Zukunft zu schauen. Die Müdigkeit, über die sie auch hier klagte, hatte seit dem Tode ihres kleinen Lieblings auf ihr gelastet und wurde keineswegs als Symptom einer nahe bevorstehenden Gefahr gedeutet, auch von ihr selbst nur als lästig empfunden. Diese Müdigkeit hinderte sie am Leben — und sie wollte doch leben, leben für ihre Lieben.

Sie zwang sich zum Leben, gerade als ob das heitere Leben einen schweren Bann von ihr scheuchen müßte.

Aber der Bann war mächtiger als ihr Wille, ihm zu entgehen; wenig Tage noch und er hielt sie umschlungen — der Tod.

Im Laufe des Dienstags, 22. Oktober, hatte die Prinzessin einen schweren Schwächeanfall; der Arzt war wohl zur Stelle, konnte aber nichts Besonderes tun; man bemühte sich um die

Kranke und verschaffte ihr die Erleichterungen, die man ihr bei den zahlreichen Schwächeanfällen der letzten Jahre zu leisten gewohnt war. Hofrat Dr. Mayer erstattete inzwischen an den Prinzen Rupprecht brieflichen Bericht über den eingetretenen Zwischenfall. Diesen Brief hatte der Prinz vor dem Eintritt der Katastrophe nicht mehr erhalten, so daß er erst durch die telegraphische Nachricht über das Entsetzliche unterrichtet wurde.

Im Laufe des Donnerstags war die Prinzessin den ganzen Tag über in sehr schlechter Verfassung. Der Schwächezustand wurde immer beängstigender und besorgniserregender, so daß der Arzt es für nötig hielt, den Prinzen Rupprecht telegraphisch zu verständigen. Die Prinzessin lag fast den ganzen Tag über in einem schlafähnlichen Zustande, aus dem sie nicht mehr erwachte; kurz vor dem Tode beschlich sie ein heftiges Beklemmungsgefühl, ein leises Stöhnen, und dann lag sie bewußtlos bis zum Verhauchen.

Um $8^{3}/_{4}$ Uhr brachte der Telegraph dem Prinzen Rupprecht die Schreckenskunde, daß die Prinzessin verschieden sei.

Aufs tiefste erschüttert und ganz gebrochen eilte er nach Sorrent, um die letzten Anordnungen zu treffen bezüglich der Einsargung und der Ueberführung der irdischen Hülle der teuren Entschlafenen in die Fürstengruft nach München.

Als Märchenprinzessin, als Elfenfee war sie durch das Leben gewandert, als Märchenprinzessin ruht sie auch im Sarge.

Am 29. Oktober abends 6 Uhr traf der Sarg mit den Überresten der Prinzessin in München ein; Prinz Rupprecht war am selben Tage in der Frühe zurückgekommen.

Wie traurig mag diese Alpenfahrt für ihn gewesen sein!

Über die Alpen war er einstens heimgekehrt, Seligkeit im Herzen, weil er sich das schöne Königskind erobert; über die Alpen hat er sie zu wiederholtenmalen heimgeholt, wenn sie im sonnigen Süden Erholung gesucht hatte; auch diesesmal führte er sie heim, aber zur ewigen Ruhe.

Aufbahrung der Prinzessin.

Durch ein dichtgedrängtes Spalier teilnahmsvoller Menschen wurde der Sarg in die Theatinerkirche überführt, wo er auf einem blumenflorumstarrten reichgeschmückten Katafalk aufgebahrt wurde. Den ganzen Abend über und den nächsten Tag war die Kajetans-Hofkirche und auch das Palais des Prinzen Rupprecht von einer zahlreichen teilnahmsvollen Menschenmenge umlagert, und als um 9 Uhr die Kirche der Allgemeinheit geöffnet wurde, staute sich die Menge zu einem lebensgefährlichen Gedränge. Tausende und Abertausende waren herbeigeströmt, ihrer tiefschmerzlichen Teilnahme an dem tottraurigen Geschicke der allgemein verehrten und allbeliebten Prinzessin Marie Gabrielle Ausdruck zu geben.

Am Donnerstag, 31. Oktober um 10 Uhr fand die Beisetzung der Prinzessin in der Fürstengruft in St. Kajetan mit der kirchlichen Trauerfeier statt.

Schon in früher Morgenstunde hatten sich Hunderte und Tausende auf dem Odeonsplatze und vor der Theatinerkirche angesammelt, um in herzlicher Teilnahme wenigstens den Versuch zu machen, der Trauerfeier anzuwohnen.

Eine große Anzahl auswärtiger Fürstlichkeiten war zur Teilnahme an den Trauerfeierlichkeiten nach München gekommen: der König der Belgier, Prinz Eitel Friedrich von Preußen als Vertreter des Deutschen Kaisers, Erzherzog Franz Salvator als Vertreter des Kaisers von Österreich, die Großherzogin und Großherzogin-Mutter von Luxemburg, die Erzherzoginnen Maria Annunciata, Maria Theresia und Marie Valerie von Österreich und die Prinzen Adalbert und Oskar von Preußen, Herzog Robert von Württemberg als Vertreter des Königs, Prinz Max von Baden als Vertreter des Großherzogs, Infant und Infantin Alfons von Spanien, die Fürsten von Hohenzollern und Monaco, der Herzog und die Herzogin von Vendôme, der Herzog Miguel von Braganza, die Herzogin, sowie die Prinzen Sixtus und Xaver von Parma, Prinzessin Marie und Prinz Ernst von

Sachsen-Meiningen, Prinz Ernst August zu Braunschweig und Lüneburg, Prinzessin Friedrich von Hohenzollern, der Herzog von Urach, der Fürst und die Fürstin Albert und Prinzessin Karl Ludwig von Thurn und Taxis.

Der deutsche Kronprinz konnte zu seinem schmerzlichen Bedauern der Verstorbenen nicht die letzte Ehre erweisen. Einen Tag vor der Beisetzung der Prinzessin verunglückte er auf einer Jagdpartie. Das Fernbleiben kam ihm schwer an; hatte er doch im Hause des Herzogs Karl Theodor eine zweite Heimat gefunden, und mit der entschlafenen Prinzessin hatte ihn eine große Freundschaft verbunden seit den Tagen des ersten Tegernseer Aufenthaltes.

Stumm, ernst und feierlich schritten die Teilnehmer in die schwarz ausgeschlagene und mit Blumen geschmückte Kirche. Ein glänzendes Bild, freilich umdüstert von den Schatten der Trauer und Wehmut.

Erzbischof Exzellenz von Bettinger zelebrierte das Requiem, Stiftsprobst von Hecher hielt die Trauerrede.

Nach der kirchlichen Trauerfeier wurde der Sarg unter Vortritt des Erzbischofs in die Fürstengruft getragen.

Da ruht sie nun, umgeben von ihren drei Lieblingen, um deren Hingang sie im Leben geweint; und wie man sie im Leben selten anders gesehen hatte, als von ihren Kindern umgeben, so ist sie auch im Todesschlaf noch die treubesorgte Mutter.

Wernhard. Denkmal für die verstorbene Prinzessin Marie Gabrielle in St. Bartholmä am Königsee.

Zum 29. Oktober 1912.

Welch' dumpfer Glockenschall tönt an mein Ohr?
Was steht die Menge still in später Nacht?
Ein ernster Zug zieht durch die dunklen Straßen,
Die Fackeln glühen düsterrot und schwehlen,
Und sie beleuchten einen schlichten Sarg,
Geschmückt mit Veilchen und mit weißen Rosen,
Des sonn'gen Südens letztem Blumengruß.
Und schweigend schaut der Bürger, schaut die Frau,
Und Kinder knien an den Häuserreihen,
Bekreuzen weinend sich und gehen trauernd weiter,
Im Innersten ergriffen von der Stunde:
Denn eines Volkes Glück trägt man zu Grabe:
Des Volkes Hoffnung ruht in jenem Sarge! —
Und Mancher denkt dabei der schönen Zeit,
Da dieses Fürstenkind noch bei uns weilte,
Da es von treuer Eltern Hut umgeben
Aufwuchs in Munterkeit und Lebenslust
An eines blauen Seees lieblichem Gestade
Und in des deutschen Südens Schutz- und Trutzmark.
Da es vom Vater lernte ernstes Schaffen
Und für des Volkes Wohl sich hinzugeben,
Und von der Mutter treue Gattenliebe
Und deutscher Frauen frommes, stilles Wirken.
Und denkt der Zeit, da dieses schöne Kind,

Ein Königskind, wie wir's im Märchen träumten,
Zum Altar trat, um unserm einst'gen König
Die Hand zum heil'gen Ehebund zu reichen,
Und denkt des hellen Jubels, da sie einem
Zukünft'gen König dann das Leben gab.
Ja, unseres Landes Glück schien fest begründet,
Und hoffnungsfroh sah'n wir in ferne Zeiten,
Und liebten sie und liebten ihren Gatten
Durch sie und liebten ihre schönen Kinder,
Und freuten uns der Zeit, da einstmals wieder
Uns eine Königin sollt' in ihr erstehen,
Des Landes Mutter, in dem schönsten Sinne —
Und Glück und Hoffnung haben wir begraben. —

Und doch nicht mutlos sollen klagen wir!
Sie starb. Doch lebt sie fort. Der Christenglaube
Gibt uns die sich're, selige Hoffnung
Auf ein verklärtes Leben nach dem Tode.
Sie ist bei Gott: An Gottes Thron wird sie
Fürsprecherin uns sein und wird uns segnen.
Ein Engel schien sie Vielen schon auf Erden
Schutzengel mög' sie diesem Lande werden.
So soll in der Erinnerung sie leben;
Und nie und nimmer wollen wir vergessen,
Was sie uns war, was sie uns hat gegeben.

Dr. H. Z.

Müller-München. Prinzregent Ludwig mit Gemahlin.

Alle Rechte, auch das der Vervielfältigung der Bilder
vorbehalten.